DE JURE DOTIUM

EN DROIT ROMAIN

DU RÉGIME DOTAL

EN DROIT FRANÇAIS

THÈSE POUR LE DOCTORAT

PAR

PROSPER AUDONNET

Chevalier de la Légion d'honneur

PARIS

F. PICHON, IMPRIMEUR-LIBRAIRE,
14, RUE CUJAS ET 7, RUE VICTOR COUSIN

1875

THÈSE

POUR LE DOCTORAT

DE JURE DOTIUM

EN DROIT ROMAIN

DU RÉGIME DOTAL

EN DROIT FRANÇAIS

THÈSE POUR LE DOCTORAT

PAR

PROSPER AUDONNET

Chevalier de la Légion-d'honneur.

PRÉSIDENT : M. DEMANTE,

SUFFRAGANTS : { MM. VUATRIN, COLMET DE SANTERRE, LABBÉ, } PROFESSEURS.

CASSIN, AGRÉGÉ.

PARIS

F. PICHON, IMPRIMEUR-LIBRAIRE,

14, RUE CUJAS ET 7, RUE VICTOR-COUSIN

1875

DROIT ROMAIN

DE JURE DOTIUM

(Dig. liv. XXIII, tit. III et tit. V.)

INTRODUCTION

Le sauvage enlève la femme, le barbare l'achète de
ses parents. Ce n'est que chez les peuples civilisés
que nous voyons la femme apporter une dot à son
mari, pour l'aider à supporter les charges du
mariage. Mais même dans cette troisième période,
la femme reste longtemps soumise à la puissance
énergique du mari. Sortie de la tutelle et de la
puissance de sa famille, elle tombe sous l'autorité
de l'époux. Le pouvoir change de mains, il ne
change pas de caractère. Il en fût longtemps ainsi à
Rome. La femme par la *manus* passait dans le domaine du mari qui avait un droit absolu sur sa
personne et sur ses biens. Elle était pour lui *loco*

filiæ, et l'on connaît l'étendue de la puissance paternelle. La femme a brisé tous les liens qui la
rattachaient à sa famille pour entrer dans une
famille nouvelle. Elle y acquiert de nouveaux droits
de succession et d'agnation. Tous les biens qui
pourront lui advenir appartiendront au mari et,
dans la succession de ce dernier, elle aura les mêmes
droits que ses enfants. De même que le père peut, à
l'origine, vendre sa fille, le mari peut vendre sa
femme, le *jus vitæ necisque* du père de famille a
passé au mari. C'est que l'influence de l'état barbare
se fait encore sentir. Les changements dans les
mœurs se font toujours lentement, surtout lorsqu'il s'agit pour les forts d'abandonner des droits
qu'ils se sont arrogés et auxquels ils tiennent d'autant plus qu'ils sont injustes et excessifs.

Toute institution qui n'a pas pour base le respect
des droits naturels d'autrui porte en elle-même un
principe de mort, et la réaction sera d'autant plus
dangereuse que les abus auront été plus criants.
Nous le voyons à Rome. A côté du mariage avec
manus s'introduit bientôt et s'étend rapidement un
nouveau mode d'union conjugale, laissant la femme
dans une indépendance à peu près absolue vis-à-vis
de son mari. Les époux ont l'un contre l'autre les
actions qui leur appartiendraient contre des étrangers. Les cérémonies religieuses ou civiles de la
confarreatio ou de la *coemptio*, qui présidaient au
mariage accompagné de *manus*, n'existent plus dans
la nouvelle union.

Le mariage sans *manus* est antérieur à la loi des Douze Tables qui consacre pour la femme dans un cas particulier (l'*usus*) un moyen d'éviter la *manus*, en s'absentant chaque année trois nuits de suite du domicile conjugal.

Le mariage libre et la *manus* subsistèrent quelque temps ensemble. Dans le premier, l'épouse prenait le nom d'*uxor* ou *matrona*, de *materfamilias* dans le second.

Nous savons que dans le mariage avec *manus*, les biens de la femme *sui juris* passent en masse dans le domaine du mari. Dans le mariage libre, la femme, en principe, conserve tous ses biens, mais comme il est juste qu'elle contribue aux charges du mariage, elle donnera à son mari une partie de ses biens. Voilà la dot, apport conventionnel, représentant pour la femme restée maîtresse de son patrimoine, sa part de contribution aux charges du ménage. Cette dot devient la propriété du mari. Celui-ci n'est jamais obligé de la restituer, il en est aussi absolument maître que de ses propres biens.

Comment donc s'introduit l'obligation pour le mari de conserver et de restituer la dot ? Par la pratique du divorce. Le divorce existait dans la loi, les mœurs plus sévères que le législateur le repoussèrent longtemps. Au témoignage de tous les anciens auteurs on ne vit point pendant cinq siècles un seul exemple de divorce. « S'élevait-il un différent entre les époux, écrit Valère Maxime, (II, ch. 1) ils se rendaient au temple de la déesse Viriplaca, sur le mont

Mont Palatin, et là, après s'être expliqués l'un et l'autre, ils renonçaient à leur querelle et s'en retournaient réconciliés. » L'heureuse influence de la déesse Viriplaca ne dura point, elle ne put résister au relâchement des mœurs et les divorces se multiplièrent rapidement. Il est probable que les moyens indirects que donnait la loi pour empêcher les divorces étaient tombés en désuétude.

La femme par le divorce pouvait se trouver dans le dénûment. On fut obligé de recourir à d'autres combinaisons. De là l'usage de stipuler. dans les contrats de mariage, la restitution du bien de la femme, au cas de séparation des époux. C'est ce que l'on appela la *cautio rei uxoriæ*. La jurisprudence accorda bientôt après une action, pour suppléer à cette convention, lorsqu'elle aurait été omise: l'action *rei uxoriæ*. On étendit ensuite cette action, d'abord admise seulement pour le cas de divorce, à la dissolution du mariage par suite du prédécès du mari, lorsque celui-ci, contrairement à l'usage qui lui en faisait un devoir, n'avait rien laissé à sa veuve par testament.

L'obligation conditionnelle de restituer la dot s'imposa aussi comme une loi générale dans les cas fort rares où le mari avait encore sur sa femme la *manus*.

C'est alors qu'est fondé, à proprement parler, le régime dotal. Nous arrivons à l'époque classique, à la fin de la République, au règne d'Auguste.

DE LA CONSTITUTION DE DOT

La *conventio in manum* avait à peu près disparu à l'époque des jurisconsultes. Nous supposerons donc, ce n'est d'ailleurs que dans ce cas que des explications sont nécessaires, que la femme est ou *sui juris*, ou sous la puissance de son père ou de son grand père.

La femme romaine qui se mariait n'était pas obligée d'apporter une dot à son mari; mais comme il n'était pas juste que celui-ci supportât seul les charges du mariage, la femme y contribuait par un apport conventionnel : *la dot*. La constititution de dot, entraînant aliénation au profit du mari des choses constituées en dot, ne pouvait avoir lieu qu'expressément. Ce principe n'était cependant pas absolu et nous trouvons une exception dans la l. 30 D. 23. 3. Paul nous dit que la dot qui a été donnée pour un premier mariage ne redevient dot pour un second mariage avec la même personne, qu'autant que telle est l'intention des parties; mais, ajoute-t-il, cette intention est toujours présumée, à moins qu'il n'apparaisse d'une volonté contraire.

I. — La dot se constituait ordinairement par *datio*, par *dictio* ou par *promissio*. La *datio* s'opère par les différents mondes de translation de propriété, le mari devient donc propriétaire. Par la *dictio* et la *promissio*, il ne devient que créancier. Ces deux dernières manières de constituer la dot différent en ce que la *promissio* n'est autre chose que la stipulation appliquée à ce cas particulier, tandis que la *dictio* est une promesse non précédée d'une interrogation. Ce caractère particulier de la *dictio* pourrait peut-être servir à nous expliquer l'introduction dans les habitudes romaiues de ce mode de constitution de dot. C'est cependant avec une certaine hésitation que nous en cherchons l'origine dans un sentiment de délicatesse fort rare chez les romains, quand il s'agissait de questions d'intérêt; délicatesse qui aurait consisté à accepter simplement la dot, sans la demander par la formule rigoureuse et brutale de la stipulation. Ce qui nous paraîtrait confirmer cette explication, c'est que la *dictio* ne pouvait être employée que par la femme, un débiteur de la femme agissant par son ordre, un ascendant du sexe masculin uni à la femme par les mâles.

Tels étaient les modes habituels de constitution de dot, mais on pouvait la constituer autrement, v. g. par testament (L. 48 § 1, 23, 3).

La dot était appelée *profectice* ou *adventice* suivant qu'elle avait été donnée par le père ou un autre ascendant paternel mâle, ou qu'elle avait été constituée par toute autre personne. Nous retrouverons cette distinction et ses conséquences quand nous traiterons de la restitution de la dot. Ce n'est qu'à ce point de vue qu'elle a de l'importance. Nous dirons pour le moment que la dot profectice faisait retour, en principe, au constituant, quand la femme était morte dans le mariage, tandis que la dot adventice restait au mari.

II.—La dot étant donnée au mari pour supporter les charges du mariage, si le mariage n'a pas lieu et qu'il ait reçu la dot, il est tenu de la rendre. La femme ou le constituant agira contre lui par l'action en revendication, si la propriété n'a pas été transférée au mari. Par la *condictio sine causâ* ou la *condictio ob rem dati re non secutâ* dans le cas contraire (L. 7, § 3. D. 25, 3). De plus le privilége accordé à la femme exerçant l'action *rei uxoriæ* pour se faire restituer la dot, quand le mariage est dissous, sera également attaché à l'action qui tend au même but, quand le mariage n'a pas eu lieu (LL. 17, 18, 19 D. 42, 5). L'intérêt de l'Etat exige, en effet, non-seulement que les femmes retrouvent leur dot à la dissolution du mariage, mais surtout qu'elles ne la perdent pas avant d'avoir contracté mariage; Si la dot a été simplement promise, la promesse renferme cette condition tacite : *si le mariage s'ensuit;* et cette condition est défaillie, si l'on renonce au mariage. Mais on ne peut dire que la condition est défaillie que lorsque l'un des futurs époux a épousé une autre personne, ou qu'un acte de répudiation a été signifié (L. 7 § 3. D. 23, 3). La femme ne pourra donc agir soit par la *condictio*, soit par la revendication avant d'avoir signifié l'acte de répudiation, autrement elle serait repoussée par l'exception de dol, la destination de la dot pouvant encore se réaliser. Dans le doute sur la question de savoir s'il y a eu ou non translation de propriété, la femme, nous dit Callistrate, sera présumée avoir voulu immédiatement transférer la propriété (L. 8, h. t.).

Dans le cas où les choses données en dot appartiendraient à autrui, l'usucapion commencera à courir du moment de la translation de propriété, mais ce sera une usucapion *pro suo*, tandis que le mari usucaperait *pro dote*, si la constitution de dot avait eu lieu après le mariage, à moins que le mariage fut nul. Si le mariage est nul, le mari, fût-il de bonne foi, ne pourra usucaper, il n'a pas de titre : *error falsœ causœ ucucapionem non parit*.

III. — La promesse de dot, comme tout autre obligation doit avoir un objet déterminé; mais le père ou l'ascendant paternel peut, par faveur, promettre simplement de doter; la promesse est valable et il est présumé avoir voulu doter sa fille selon que ses facultés le lui permettraient (L. 69, § 4. D. 23, 3). La promesse de dot peut encore être indéterminée quant à l'époque où le mari pourra en exiger le paiement. Le père paiera la dot lorsqu'il pourra le faire sans se mettre hors d'état de soutenir convenablement son rang (L. 79, §. D. 23, 3).

Si un usufruit est constitué en dot, la dot, à moins qu'il n'ait été exprimé une intention contraire, comprend le droit même d'usufruit et non les fruits qui sont perçus (L. 7 § 2. h. t.).

IV. — La dot se constitue aussi par acceptilation, lorsqne le mari débiteur est déchargé par acceptilation, afin de constituer en dot le montant de la dette (L. 41, § 2, h t.). L'acceptilation est nulle, si le mariage n'a pas lieu. (L. 43 pr.). Javolenus semble semble exprimer une opinion contraire dans la l. 10 D. 12. 4. où il dit, en supposant la même hypothèse : « recte ab eo pecuniâ condicetur, quia nihil « interest utrum ex numeratione pecuniâ ad eum « sine causâ, an per acceptilationem pervenerit ». Nous pensons qu'il faut accepter l'opinion de Cujas et dire que l'effet immédiat on éventuel de l'acceptilation pour cause de dot dépend de l'intention des parties. Ont-elles voulu que la dette fut éteinte tout de suite, le mariage venant à manquer, la femme agira par la *condictio sine causâ* et non par l'action de la créance primitive. Dans le cas contraire, c'est-à-dire si les parties ont voulu que la dette ne fut éteinte qu'au moment où le mariage serait contracté, la femme exercera l'action de la créance primitive.

V. — Les fruits perçus avant le mariage augmentent la dot. La dot en effet, a pour but d'aider le mari à supporter les charges du mariage, c'est pour cela qu'on lui en attribue les fruits, mais il ne peut avoir droit à ces fruits qu'autant que les charges existent. (L. 7 § 1, h. t.)

Une femme peut se constituer en dot tous ses biens. Quoique cela ait été contesté (Cujas t. 5,

p. 1020) le doute n'est pas possible en présence de la l. 3, C. *De jure dotium* : « Nulla lege prohibitum » est universa bona in dotem marito feminam » dare. » Le mari, dans ce cas, sera-t-il tenu des dettes? Non, car il n'y a pas là ce qu'on appelle *successio per universitatem, successio in universum, jus,* succession dont le caractère essentiel est la transmission *ipso jure* des actions actives et passives (Pellat, T. sur la dot, p. 339.) Si la femme n'a pas livré tous ses biens à son mari, elle pourra retenir de quoi payer ses dettes, car il est évident qu'elle n'a pas eu l'intention de lui donner tout son actif en restant grevée de son passif. Si elle lui a livré tous ses biens, elle pourra répéter contre lui ce qu'il lui faudra pour payer ses dettes, car elle n'a certainement compris dans sa dot que ses biens, déduction faite des dettes : « bona non intelliguntur, nisi » deducto ære alieno. »

VI. — Dans le T. 21. L. II, S. P. nous voyons que la dot peut précéder ou suivre le mariage, elle peut donc être augmentée pendant le mariage, mais elle ne pourrait être diminuée, car cela constituerait une restitution partielle de la dot, « quod legibus » stare non potest, quia donationis instar perspi- » citur obtinere. » Nous étudierons cette question avec plus de détails, en traitant de la restitution de la dot.

DROITS DU MARI SUR LA DOT

Le mari est propriétaire de la dot ; mais ses droits sont restreints, car il sera peut-être tenu de la restituer. Etudions d'abord les droits du mari sur la dot nous verrons ensuite les précautions prises par le législateur pour en assurer la restitution :

La propriété du mari sur les choses dotales est établie par un grand nombre de textes. Nous nous contentons de signaler ce que dit Gaius C. II. § 63 : « Dotale prædium maritus, invita muliere, per » legem Juliam prohibetur alienare, quamvis ipsius » sit. » En outre, la loi Julia défend au mari d'aliéner, c'est donc qu'il est propriétaire.

I. — La propriété du mari est absolue quant aux meubles dotaux. Qu'ils aient été livrés avec ou sans estimation, le mari en est toujours propriétaire ; et cette distinction qui a une si grande importance dans notre droit français, au point de vue de la propriété, n'a pour effet, en droit romain, que d'obliger le mari à restituer à la dissolution du mariage le prix d'estimation ou les choses elles-mêmes, si elles existent encore, selon qu'elles ont été estimées ou non. Ce droit de libre disposition des meubles dotaux par le mari ne peut être contesté. Avant la loi Julia, en effet, les droits du mari sur les choses dotales n'étaient restreints ni quant aux meubles ni quant aux immeubles or, la loi Julia ne s'est occupée que des immeubles. c'est ce qui ressort clairement des différents textes qui s'en occupent : *prædium dotale*, dit Gaius, C. II § 63; « lex (Julia) in soli tantummodo rebus locum » habebat quæ Italicæ fuerant. » (*Inst. pr., quibus alienare licet vel non.*) De plus, un texte du Code reconnaît formellement au mari le droit d'émanciper l'esclave dotal. (*L. 7 C. De servo pign. dato manum.*) S'il pouvait l'émanciper, toutefois sous les restrictions établies par la loi Ælia Sentia, à plus forte raison pouvait-il l'aliéner. Les Romains, comme on le sait, comptaient les esclaves au nombre des choses mobilières les plus précieuses. Nous pouvons donc en conclure que le mari pouvait disposer des meubles dotaux en général.

II. — On avait admis que le mari, quoique propriétaire de la dot, ne pouvait rien retenir de plus qu'un usufruitier. Un esclave non estimé a été apporté en dot, tous les fruits venant de cet esclave appartiennent au mari; mais ce qui vient de l'esclave et qui n'a point la qualité de fruit devra être restitué. (L. 10. § 3 D. 23. 3). De même si le mari affranchit l'esclave dotal, sans le consentement de la femme, je veux dire malgré elle, et que le mari soit ensuite institué héritier par cet esclave, tout ce qu'il prendra dans cette hérédité devra être restitué à la femme : la portion qui lui revient comme patron et celle qu'il tient de la libéralité de l'esclave. En effet, le mari était débiteur d'un corps certain, c'est par sa faute qu'il ne peut rendre ce corps certain lui-même : or, il ne faut pas que sa faute soit une source de bénéfice pour lui ; s'il n'avait pas affranchi l'esclave tout ce qui serait provenu de ce dernier, hormis les fruits, aurait dû être restitué à la femme, il en doit être de même du moment où il est affranchi.

Dans ce cas le mari doit restituer immédiatement ce qu'il a reçu comme patron, quant à ce qui lui a été librement donné par l'esclave, il le rendra plus tard quand il y aura lieu à l'action *rei uxoriæ*. Pourquoi? Parce que la femme, en apportant en dot cet esclave a voulu que le mari profitât simplement des *operæ* de cet esclave comme, un usufruitier ; la dot ne peut pas être augmentée malgré la femme. Quant à la partie de l'hérédité dont l'esclave, une fois affranchi, avait le droit de disposer, on punit le mari en lui enlevant le droit de la garder à la dissolution du mariage, mais on n'est pas allé jusqu'à vouloir l'en priver durant le mariage. Dans la première partie, c'est-à-dire celle qu'il doit rendre de suite, sont comprises les charges imposées à l'affranchi, même *post manumissionem causâ libertatis*.

Si, au contraire, il a fait l'affranchissement comme gérant l'affaire de sa femme, tout ce qu'il prendra dans l'hérédité de l'esclave comme patron devra être restitué à la femme ; car, quoiqu'il ait le titre de patron, conséquence de son droit de propriété, le bénéfice de ce droit doit faire retour à la femme, comme l'esclave lui-même lui serait revenu, s'il n'avait pas été affranchi, ou s'il avait été affranchi par elle. Quant à la partie de l'hérédité dont l'affranchi pouvait disposer, on ne comprendrait pas que le mari eût moins de droits qu'un étranger, il la gardera, mais il devra rendre de suite par la *condictio ex lege Juliâ et Papiâ* ce qu'il a recu comme patron, car cela n'était pas compris dans la dot (L. 24 § 4 et L. 64 *Soluto. mat.*).

Si la femme a voulu lui faire une donation, « manumissionis gratiâ inter virum et uxorem donatio favore libertatis recepta est, vel certè quod nemo ex hac fiat locupletior, (P.S.L.2.T. 23 §2), il gardera pour lui les libéralités que l'esclave pourra lui faire et de plus le bénéfice de ce qui lui arrivera comme conséquence forcée de l'affranchissement : « Quod si vir voluntate mulieris servos dotales manumiserat, cum donare ei mulier voluit, nec de libertatis tenebitur. » (Ulpien L. 62 *Sol. mat.*)

III. — Ainsi donc, au moins jusqu'à Justinien, le mari pouvait disposer des meubles sans restriction. Quoique nous n'ayons, à la vérité, parlé que des meubles corporels, nous donnerons la même solution, si dans la dot se trouvent des *nomina*, droits de créance sur des tiers. Le mari, en effet, pouvait en faire acceptilation : « vir ab eo qui » uxori ejus dotem facere volebat certam pecuniam eo nomine stipulatus est, deinde acceptam eam fecit... perindé est ac si acceperit eam pecuniam et eamdem promissori donaverit (L.49. D. 23.3).

Il en serait de même si la femme avait délégué un de ses débiteurs à son mari pour que la créance lui servit de dot. Nous supposons, bien entendu, que ce n'est pas sur l'ordre de la femme que le mari a fait acceptilation, s'il en était ainsi la responsabilité serait pour la femme. (L. 36. D. 23, 3.)

Ceci nous conduit à parler des risques.

IV. — Le mari n'est pas tenu de restituer les corps certains non estimés s'ils ont péri sans sa faute, soit avant, soit pendant le mariage. Si, au contraire, il y a eu estimation, la dot consistant dans le montant de l'estimation, le mari n'est point libéré par la perte de l'objet estimé qui est à ses risques, car il l'a acheté. Il en sera de même si la dot se compose de choses « quæ pondere numero, mensurave constant. » Le mari est débiteur d'une quantité, *genera non pereunt*. Si les choses apportées en dot avec estimation périssent avant le mariage, la perte est pour la femme, car la vente étant soumise à la condition : *si le mariage a lieu*, les objets ayant péri quand la condition se réalise, la vente est nulle faute d'objet. (L. 10 § 5 h. t.)

Au lieu d'être faite purement et simplement, l'estimation peut avoir lieu *taxationis causâ* : ce qui veut dire que le mari devra restituer la chose elle-même, et que si elle vient à périr par sa faute, il en devra l'estimation.

Une dot a été promise, pour qui seront les risques, si le promettant devient insolvable ? Trois hypothèses sont à examiner :

1º La dot a été promise par la femme :

2º La dot a été promise par le père de la femme ;

3º La dot a été promise par un étranger.

La dot a été promise par la femme. La femme n'ayant pas payé la dot, elle ne pourra pas la réclamer à la dissolution du mariage. Il serait ridicule qu'elle vint se plaindre de n'avoir pas été rigoureusement poursuivie par son mari : « nec enim quicquam judex propriis auribus audiet mulierem dicentem, cur... ipsam non convenerit. (L, 33. h. t.)

La dot a été promise par le père. Julien avait émis sur ce point une opinion singulièrement rigoureuse que réfute Ulpien. Julien mettait à la charge du mari l'insolvabilité du père, Ulpien n'admet pas, avec raison, qu'un juge puisse écouter une fille reprochant à son mari de n'avoir point impitoyablement poursuivi son père (L. 33. h. t.).

La dot a été promise par un étranger. Si c'est par necessité que celui-ci a promis la dot, c'est-à-dire s'il était déjà débiteur de la femme, on pourra reprocher au mari de ne l'avoir point poursuivi à temps. Si, au contraire, c'est un donateur, notre loi décide que la perte par suite de l'insolvabilité sera pour la femme, d'autant plus que si le mari l'avait poursuivi il n'aurait pu le faire condamner que jusqu'à concurrence de ses facultés. Ulpien est ici en contradiction avec plusieurs autres jurisconsultes. Nous voyons, en effet, dans la loi 41, pr. D. *De re judicatâ*, Paul décider que le donateur délégué ne pourra pas opposer au délégataire l'exception qu'il aurait pu opposer au délégant. Hermogénien dans la loi 33, § 3, *de donationibus*, nous dit : « Primus voulait vous donner, et vous vouliez donner à Secundus ; Primus a promis à Secundus stipulant par votre volonté : la donation est parfaite, et comme Primus n'a rien donné à Secundus par qui il est actionné, il est condamné pour la totalité, et non pas seulement jusqu'à concurrence de ce qu'il peut faire. On observe la même règle si, sur la délégation de celui qui devait recevoir la donation, le donateur a promis au créancier de celui-ci, car, dans ce cas aussi, le créancier fait sa propre affaire. » Ainsi donc d'après ces textes, soit que l'on considère le mari comme délégataire à titre onéreux ou comme délégataire à titre gratuit ; le promettant qui a voulu faire une donation à la femme ne jouira pas, vis-à-vis du mari, du bénéfice dont il aurait joui vis-à-vis de la femme. Il y a évidemment contradiction entre ces textes, car nous n'admettons pas la laborieuse conciliation de Cujas qui lit de cette manière le texte d'Ulpien : « Utcumqne parcendum marito qui eum non præcipitavit ad solutionem, qui donaverat *mulieri*, quemque *mulier* in id quod facere posset, si *ipsa* convenisset *condemnatura erat.* » Nous ne chercherons pas à détruire cette contradiction, mais nous pensons qu'on peut l'expliquer. Les uns, comme Julien qui, dans notre loi même, punit, au profit de la femme, le mari qui ne se sera pas montré impitoyable envers son beau-père, raisonnent d'une manière rigoureuse et les déductions logiques les

plus brutales ne les arrêtent pas; les autres, comme
Ulpien, admettent les tempéraments que l'équité
impose. Nous remarquerons d'ailleurs que, même
les juriseonsultes qui refusent au donateur le bénéfice de compétence, ne mettent pas expressément
les risques à la charge du mari qui n'a pas poursuivi;
nous pouvons donc admettre sans hésitation la solution donnée par notre loi 33, in fine « quod do-
» naturus, ejus periculo ait, cui adquiritur : adquiri
» autem mulieri aecipiemus, ad quam rei commo-
» dum respicit.

Nous devons revenir sur l'hypothèse où un débiteur de la femme a été délégué au mari. Les règles
de la délégation sont celles-ci : En principe, le délégant ne court pas les risques de l'insolvabilité du
délégué; mais, par exception, la convention peut
les mettre à sa charge, et encore, dans ce cas, ne
court-il les risques que s'il ne peut pas reprocher
au délégataire d'avoir été négligent dans les poursuites à exercer contre le délégué. Nous avons à
examiner cette question : le mari se trouve-t-il
dans la règle ou dans l'exception, c'est-à-dire court-
il les risques dans tous les cas, qu'il y ait eu ou
non négligence de sa part, ou ne les court-il que
lorsque l'on peut lui reprocher sa négligence?

Nous pensons que c'est l'exception qui doit
régler notre cas. Le mari ne nous semble pas être
dans la même situation qu'un créancier ordinaire.
Le mari qui touche à la suite de l'éviction une
somme supérieure au montant de l'estimation doit

rendre tout ce qu'il a touché, sa position n'est donc pas absolument semblable à celle d'un acheteur, cette différence vient des rapports qui existent entre le mari et la femme. De même, ici, il nous paraît qu'on doit le traiter autrement qu'un créancier ordinaire. Pour le créancier délégataire, il s'agit de faire cesser le rapport existant entre lui et le délégant d'éteindre l'obligation existant entre eux ; à la place du délégant, le créancier aura pour débiteur le délégué. Le mari, en stipulant du délégué, a pour but de toucher une dot qui lui serve à subvenir aux charges du mariage, et cette dot doit être rendue lorsque cessent ces charges. Que doit-il rendre? Ce qu'il a reçu. Et nous arrivons ainsi au même résultat que s'il y avait eu novation et que le délégant eût pris les risques à sa charge : Nous sommes dans l'exception. Des textes nombreux peuvent servir d'appui à cette opinion. C'est d'abord la loi 71, h. t., qui nous dit que toutes les fois que le débiteur de la femme a promis une dot, *mulieris periculum est*, et qu'il n'en serait autrement qu'autant que le mari prendrait les risques à sa charge, en convenant avec le débiteur de délais ou d'intérêts. La loi 35 nous présente la même idée, et Ulpien y décide que si le mari fait novation, les risques *commenceront* à être pour lui, après avoir été jusque-là à la charge de la femme.

A ces textes peuvent s'en joindre d'autres qui sont si bien reconnus comme décisifs par l'opinion contraire qu'elle y reconnait des exceptions à la règle qu'elle pose. La loi 56, prenant le cas où la chose promise par le débiteur délégué vient à périr. décide que la perte de cette chose sera aux risques de la femme et qu'il n'en serait, autrement que si le mari avait négligé de poursuivre le débiteur. La loi 41, § 3. dit encore que si le débiteur s'est obligé sans condition et devient insolvable avant l'arrivé de cette condition, les risques seront supportés par la femme. L'importance de ces textes dans la discussion présente a été contestée de la manière suivante : La loi 41. § 3 est sans doute une dérogation aux règles qui régissent la question des risques, mais il n'y a là qu'une application entre époux d'une exception plus étendue qui mettrait les risques à la charge du délégant toutes les fois que le délégué ne serait obligé que conditionnellement; mais seulement avant l'arrivée de la condition. Comment motiver un pareil changement dans l'effet de la novation? Dire que s'il est possible de connaître l'état de fortune d'un individu, sa solvabilité, ou ne peut pas prévoir qu'il peut être un jour insolvable, nous paraît être une considération sans fondement. Les risques de la dette à terme entrent-ils dans la règle ou dans l'exception? Dans la règle sans doute et en conséquence sont supportés par le délégataire. Dans ce cas avait-il plus de moyens pour calculer la solvabilité éventuelle des débiteurs que s'il s'était agi d'une condition? Mais il ne s'agit pas de rechercher ce qui a pu être prévu ou non, il faut voir comment les choses se passent lorsque la délégation est conditionnelle. Le délégué s'obligeant sous condition, la novation ne s'opère et par là même la dette primitive n'est éteinte, que si la condition arrive. (Gaius III, § 179) Mais il suffit qu'elle soit arrivée pour que la novation se soit opérée, pour que le délégant soit déchargé de tous les risques. Ce texte qui changerait les règles les plus certaines de la novation dans l'opinion contraire, devient d'une explication facile dans celle que nous présentons. Il signifie seulement que si le défaut de poursuites pouvait faire mettre les risques à la charge du mari lorsque l'obligation est pure et simple, il n'en saurait être ainsi lorsque l'obligation est conditionnelle : il est impossible d'y voir une faute. Les risques sont dans cette hypothèse comme dans les autres à la charge de la femme. Il n'y a d'exception que lorsque le mari consent à les supporter en accordant des délais au débiteur, en faisant novation, en un mot lorsqu'il est en faute. Peu importe qu'il s'agisse d'une solvabilité actuelle ou d'une solvabilité passée, les principes de la délégation sont toujours les mêmes. Les risques de la nouvelle obligation sont à la charge du délégataire si le délégant ne les a pris sur lui. On combat encore notre système par un texte dont il est difficile de nier l'importance. — « Pomponius dit que le mari ne peut convenir qu'il répondra de son dol relativement à la dot parce que l'intérêt des femmes s'y oppose, quoiqu'il puisse convenir que la créance contre le débiteur qui lui a promis la dot ne sera pas à ses risques ; car il est d'avis que le mari peut convenir que la dot sera aux/risques de la femme, et en sens inverse. que la dot qui est aux risques de la femme sera aux risque du mari. » (L. 6. D. *De pactis dotalibus*). On n'aurait pas besoin, nous dit-on, de permettre au mari de convenir que la créance contre le débiteur qui a promis la dot ne sera pas aux risques du mari et sera aux risques de la femme, ce pacte serait superflu, s'il était vrai que la *delegatio dotis causâ* est réputée faite aux risques de la femme. Quelque grande que soit la force de ce dernier argument, il ne peut nous convaincre, les raisons que nous avons données en faveur de l'opinion contraire nous paraissent trop décisives pour que nous puissions l'abandonner. Ne pourrait-on pas d'ailleurs dire que la loi 6 *de pact. dot.* entend parler des cas, où d'après les circonstances, le mari aurait paru se charger des risques, par exemple, lorsque en recevant la délégation, il savait que le débiteur délégué était insolvable, ou bien lorsqu'il lui a accordé un délai ?

V. — Lorsque la propriété de la dot a été transférée au mari, il en demeure propriétaire tant que dure le mariage et même après sa dissolution tant qu'il n'a pas retransféré la propriété à sa femme. Que signifie donc cette expression : « quamvis in bonis » mariti sit mulieris tamen est ? » Il n'y a point là l'idée d'une copropriété de la dot pendant le mariage, et le jurisconsulte a seulement voulu dire que la dot consacrée à l'entretien du ménage, aux charges du mariage, tournait ainsi à l'avantage de la femme. Du bénéfice qu'elle en recueille peuvent naître des droits qu'elle pourra exercer, même pendant le mariage. Une femme avait acheté un fonds et avait stipulé, suivant l'usage, le double du prix pour le cas où elle serait évincée ; plus tard elle se marie et se constitue ce fonds en dot. Que devons-nous décider si le mari est ensuite évincé par le véritable propriétaire ? Ne faut-il pas distinguer si la femme est ou non tenue de garantir son mari ? Lorsque la femme est tenue de la garantie soit parce qu'il y a eu estimation du fonds, estimation qui est une sorte de vente, soit parce qu'elle a promis le double sans qu'il y eut aucune estimation, cas prévu par la loi 52 D. De J. D. il ne peut y avoir aucun doute sur l'intérêt qu'elle a à ce qu'il n'y ait point éviction. Le recours dont elle est elle-même l'objet suffit pour fonder son recours contre son vendeur.

Quand la dot a été donnée sans estimation, le constituant qui n'a contracté aucune obligation n'est tenu d'aucune indemnité envers le mari évincé. Comment se fait-il que dans la loi 75. Tryphoninus, supposant qu'une femme s'est constitué sans estimation un fonds qu'elle avait acheté en stipulant le double, lui accorde, aussitôt que le mari est évincé, action pour obtenir le montant de la stipulation, bien qu'elle ne soit elle même soumise à aucun recours, que l'éviction ne l'oblige à rien débourser ? C'est que la femme ne perd pas seulement l'avantage éventuel d'une restitution à laquelle dans la suite elle pourra avoir droit, mais aussi un avantage présent résultant de la jouissance de la dot. La perte de cet avantage lui permet d'agir immédiatement contre son vendeur.

Si, conservant l'hypothèse précédente, nous supposons qu'une femme a acheté *a non domino*, un fonds qu'elle s'est constitué en dot, nous ajoutons qu'elle a épousé le véritable propriétaire, la femme qui se trouve ainsi sans dot peut-elle agir contre son vendeur ? Sans aucun doute, mais comme il n'y a pas eu réellement éviction, elle ne pourra exercer l'action résultant de la stipulation du double, mais l'action *ex empto*, parce qu'elle ne peut plus avoir la chose en vertu de l'achat qu'elle a fait. (L. 24. D. De evict.)

Les héritiers de la femme peuvent se trouver comme elle dans le cas de recourir contre le vendeur quoiqu'ils n'aient aucun espoir de recueillir la dot lorsque le mariage se dissout par le décès de la femme. Mais il peut arriver qu'ils aient eux-mêmes à souffrir de l'éviction après le mariage. Lorsque la femme devait garantie de la dot à son mari, ses héritiers sont comme elles tenus de cette garantie, et, si le mari est évincé, ils doivent l'indemniser de l'éviction : leurs actions sont ouvertes contre le vendeur (L. 23. D. De evict.)

Lorsque le constituant souffre de l'éviction, il a donc son recours contre son vendeur. Nous venons de voir que la femme, même lorsqu'elle n'est pas tenue de garantir la dot à son mari, peut cependant agir contre ceux qui lui ont vendu le fonds qu'elle s'est constitué en dot, dès que son mari en est évincé. Le motif est qu'elle a intérêt à être dotée. Ce bénéfice n'est-il accordé qu'à la femme? Peut-on dire qu'elle est seule à souffrir de l'éviction? Le père qui a constitué une dot à sa fille, a-t-il assez d'intérêt à la conservation de la dot, lorsqu'il n'est tenu d'aucune garantie, pour que nous lui accordions action contre son vendeur? Pour répondre à cette question, il nous faut examiner quels peuvent être les droits du père sur la dot. Quand le père a sa fille *in potestate*, de quelque façon que le mariage soit dissous, par le divorce, par la mort du mari, par la mort de la femme, le père a dans tous les cas l'action *rei uxoriæ* pour le recouvrement de la dot profectice. Entre toutes ces hypothèses, il y a cependant cette différence : dans la dernière, le père exerce seul l'action ; dans les autres, avec le concours de sa fille. Lorsque la fille est *sui juris*, il n'y a qu'un seul cas où le père puisse avoir action pour se faire rendre la dot qu'il a constituée, il faut supposer que le mariage se dissout par la mort de la femme (L. 71 *De evict.*) Si l'intérêt du père est évident quand la fille est *in potestate*, il est bien incertain quand la fille est émancipée. Toutefois, le jurisconsulte Paul accorde l'action au père même dans ce cas, tant à cause de l'espérance qu'il pouvait avoir de recouvrer la dot, qu'à cause de l'affection qu'il porte à sa fille (Conf. L. 54, Mandati).

LOI JULIA

Le droit de propriété du mari sur les immeubles dotaux, fut jusqu'à la loi Julia aussi complet que celui qu'il avait sur les meubles. Soit avant la loi Julia, soit sous l'empire de cette loi, soit après les nouvelles restrictions de Justinien, le droit du mari de jouir de la dot ne fut jamais atteint. C'était naturel, car autrement la dot eût été sans utilité.

La loi *Julia de adulteriis* rendue en l'an 735 de Rome, sous Auguste, défendit au mari d'aliéner l'immeuble dotal sans le consentement de la femme.

Les discordes civiles, les triumvirats, les proscriptions et surtout la corruption des mœurs qui éloignait du mariage, avaient amené dans les derniers temps de la République une prodigieuse décroissance de population. Pour l'arrêter, d'un côté on punit le célibat, de l'autre on récompensa le mariage, mais sans réussir à le purifier. Les Romains, nous dit Plutarque, se mariaient pour être héritiers et non pour avoir des héritiers. Notre loi Julia se rattache à tout un système de lois, dont quelques-unes sont antérieures à Auguste, tandis que d'autres furent édictées par ses successeurs. Enlever à la femme la crainte de voir la meilleure partie de sa dot dissipée par son mari, la lui conserver pour un second mariage, sanctionner d'un autre côté par des peines sévères la fidélité conjugale, tel fut le double objet de cette loi. Nous n'avons pas à rechercher si le second but fut atteint.

Examinons d'abord quels biens étaient frappés par la loi Julia.

I. Tout fonds constitué en dot est dotal et inaliénable : tel est le principe. Mais les jurisconsultes interprétant largement la loi Julia, avaient étendu, autant qu'ils l'avaient pu, ses cas d'application, et, dans les circonstances douteuses, ils se prononçaient pour la dotalité des biens de la femme. Faut-il aller jusqu'à dire que les choses achetées de l'argent dotal sont dotales? Cela paraît bien résulter d'un texte de Gaius : *Res quæ ex dotali pecunia comparatæ sunt, dotales esse videntur.* » (L. 54. D. 233.) Tel n'est point cependant le sens de cette loi. En effet, lorsqu'un fonds a été constitué en dot avec estimation, le mari en devient propriétaire, car, si le mariage a lieu, l'estimation forme une véritable vente. (L. 10 § 4. D. 233.) De plus une constitution de l'empereur Alexandre, permet au mari d'hypothéquer le fonds apporté en dot avec estimation, (L. 6, 3. 33). *à fortiori* peut-il, comme nous le verrons, l'aliéner ; *à fortiori* encore, si le mari peut aliéner et hypothéquer le fonds apporté en dot avec estimation, peut-il hypothéquer et aliéner le fonds acheté par lui avec les deniers dotaux. Donc la loi Julia n'est pas ici applicable. Mais qu'elle est donc alors la signification de ce texte? Dans la pensée des compilateurs du *Digeste*, il veut probablement dire que la femme jouit, sur les choses achetées de l'argent dotal, de tous les priviléges qui lui garantissent la restitution de sa dot, pour les biens dotaux proprement dits.

En 529, Justinien accorde à la femme une hypothèque privilégiée sur toutes les choses dotales estimées ou non, il n'y a rien d'étonnant que dans le Digeste qui est postérieur à cette loi on ait étendu ce privilége aux choses achetées de l'argent dotal. Mais ce n'est pas là le sens que ce texte pouvait avoir dans l'esprit de Gaius, car du temps de ce jurisconsulte, la femme n'avait qu'une action personnelle, et il ne pouvait être question pour elle d'exercer l'action en revendication ou l'action hypothécaire. Nous dirons alors, nous appuyant sur la loi 22, § 13. D. 24, 3, où il est accordé à la femme qui a, par erreur, épousé un esclave, un privilége sur les choses achetées de l'argent dotal, privilége qui s'exerce même à l'encontre du maître, que l'on considérait comme dotales, les choses achetées de l'argent dotal, quand il s'agissait de les affecter au payement intégral de la femme, par exemple, lorsque le beau-père de la femme et la femme elle-même se trouvaient être créanciers du mari.

La prohibition de la loi Julia comprend les immeubles ruraux ou urbains, ainsi que les constructions élevées sur le sol, les portions indivises des fonds ou constructions. Elle s'étendait même au droit d'emphytéose (L. 211. D. 50. 16. L. 13. § 1. D. 23. 5).

Gaius, (C. II. § 63,) nous apprend que de son temps on doutait si la loi Julia était applicable aux fonds provinciaux. Ce doute venait probablement de ce qu'un particulier ne pouvait être *dominus ex jure quiritium* d'un fonds provincial. Justinien a tranché la question en assimilant les fonds provinciaux aux fonds italiques. Faudrait-il dire, comme cela a été soutenu, que le fonds dont le mari n'est pas propriétaire *ex jure quiritium* est soustrait à l'application de la loi Julia? Non, et nous en trouvons la preuve dans la loi 5. D. 24. 3, où Ulpien nous dit qu'un fonds est dotal du moment où la possession en a été livrée. Ajoutons qu'il serait étrange que lorsque le mari a la propriété civile, absolue, le *dominium ex jure quiritium*, il lui fût défendu d'aliéner, tandis que cela lui serait permis lorsqu'il n'aurait qu'une propriété moins complète, au point de vue du droit civil, c'est-à-dire quand il aurait simplement la chose *in bonis*.

Si le mari a reçu en dot le fonds dotal dont il était débiteur envers la femme, les choses se passent comme si le mari avait réellement payé ce fonds à la femme et que celle-ci le lui eût immédiatement remis. Le mari ne peut pas l'aliéner (L. 9., pr. D. 25. 5). Mais si le fonds dû par le mari à la femme appartient à un tiers, le fonds ne deviendra dotal qu'à partir du moment où le mari en sera devenu propriétaire (L. 14. § 2. D. 23. 5).

Si la dette est alternative, le payement seul, quand la femme agira par l'action *rei uxoriæ*, déterminera quelle chose est dotale, à moins que l'une des deux choses ne vienne à périr pendant le mariage, auquel cas la dette devient pure et simple (L. 9. §§ 1 et 2. h. t.). Si nous supposons que le mari doit le fonds Sempronien ou le fonds Cornelien, il dépendra de lui d'imprimer le caractère de dotalité à l'un des deux fonds à son choix. Il peut même modifier sa résolution et rendre dotal, en le rachetant celui qu'il avait aliéné d'abord ; Paul, dans la loi 10, nous dit même qu'il peut, avant d'avoir racheté le fonds aliéné, vendre le fonds qui lui est resté et que cette aliénation sera valable, si véritablement le fonds aliéné est racheté.

Le fonds légué ou donné à l'esclave dotal, soit avant (L. 47. D. 23. 3), soit pendant (L. 3. h. t.), soit après (L. 31. § 4. D. 24. 3.) le mariage est dotal. Le mari, de tout ce qui lui est advenu à l'occasion de la dot, ne peut conserver que ce qui lui est acquis *ex re suâ* ou *ex contemplatione suâ*.

La femme s'est constitué en dot sa part dans un fonds indivis. Si le fonds est partagé en nature, la portion attribuée au mari sera dotale. Si le mari devient, au contraire, adjudicataire de tout le fonds, la portion indivise de la femme sera seule dotale, et le mari pourra aliéner l'autre. Mais à la dissolution du mariage, si le mari n'a pas aliéné, il sera tenu de rendre, et la femme devra accepter l'immeuble entier, car la restitution doit comprendre tout ce qui est advenu au mari à l'occasion des choses dotales. Naturellement, la femme devra tenir compte au mari de ce que celui-ci a payé au co-propriétaire. Nous décidons autrement en droit français, en laissant le choix à la femme. Art. 1408. Si l'immeuble a été adjugé au co-propriétaire ou à un tiers, l'argent reçu par le mari est seul dotal, et il jouira pour la restitution des délais ordinaires (L. 78, § 4, D. 23, 3). »

Si la femme répudie un legs pour que le mari en profite, le fonds, objet du legs, est dotal (L. 14, pr. D. 23, 5).

Nous venons de voir quels biens étaient frappés par la loi Julia. Examinons quels actes elle prohibait.

II. — Tout acte d'aliénation, soit à titre onéreux, soit à titre gratuit, soit entre-vifs, soit à cause de mort, tombe sous le coup de la loi Julia, à moins qu'il n'ait eu lieu avec le consentement de la femme. Remarquons que la femme seule a le droit de consentir à l'aliénation, car c'est elle seule que la loi a voulu protéger. Ainsi, le beau-père ne peut valablement autoriser son gendre, (L. 12, § 1, D. 23, 5) alors même que la fille est sous la puissance paternelle.

Non-seulement l'aliénation, mais encore le contrat de vente lui-même est défendu : « nihilominus » venditio fundi impeditur, » dit Ulpien (L. 2 § 1,

D. 23, 5); Papinien à son tour s'exprime ainsi :
« cum vir prœdium vendidit scienti vel ignoranti
,» rem dotis esse : venditio non valet. » (L. 42, D.
41, 3). Ainsi l'acheteur, même de bonne foi, ne
pourra-t-il intenter contre le mari l'action *empti*, il
pourra seulement, s'il a payé le prix, le répéter
par la condictio indebiti (L. 37, D. 12, 6.)

Le partage étant translatif de propriété, le mari
ne peut le provoquer seul (L. 2, C. 5, 23).

Grever un fonds d'une servitude ou éteindre une
servitude appartenant à ce fonds, c'est en réalité
aliéner une partie de ce fonds, ce qui est défendu
par la loi Julia (L. 5. D. 24, 5). Le mari ne pourrait
faire indirectement ce qu'il lui est défendu de faire
directement, par exemple, laisser éteindre par le
non usage une servitude qui appartient au fonds
dotal : « alienationis verbum etiam usucapionem
» continet; vix est enim ut non videatur alienare
» qui patitur usucapi. Eum quoque alienare dicitur
» qui non utendo amisit servitutes (L. 28 pr. D.
50, 16).

L'affranchissement d'une servitude urbaine ne
peut avoir lieu par le non usage, tel est le principe.
Ulpien doit donc vouloir dire autre chose dans la
l. 6. D. 24 5, quand il s'exprime ainsi : « Sed nec li-
» bertas servitutis urbano prædio dotali debitæ com
» petit, ne per hoc deterior conditio prædii fiat. »
Sa pensée est celle-ci : une servitude urbaine peut
être éteinte par le non usage quand le propriétaire
du fonds servant a fait un travail rendant l'exercice

de la servitude impossible pendant un certain temps ; mais la loi Julia empêche même dans ce cas l'affranchissement de la servitude, *l'usucapio libertatis.* Cela est vrai, si toutefois, (et nous nous appuyons ici sur la l. 16. D. 24, 5, qui donne cette solution dans un cas à peu près semblable), le propriétaire du fonds servant n'a pas déjà, avant que le fonds soit devenu dotal, commencé l'*usucapio libertatis,* en faisant un acte contraire à la servitude.

Mais la loi Julia ne fait pas obstacle à ce que les servitudes s'éteignent par la confusion, (L. 7, De fundo dotali) *nemini res sua servit.*

Le mari peut-il constituer en faveur d'une tiers un droit d'usufruit sur le fonds dotal? Non, et nous avons là-dessus un texte formel d'Ulpien ; « Si pro
» prietatem habeat pupillus non potest usumfruc
» tum vel usum alienare, quamvis oratio nihil de
» usufructu loquatur... Quod et in fundo dotali pla_
» cuit (L. 2, § 5. D. 27, 9). » Quoique l'usufruit ne soit qu'une servitude personnelle, c'est cependant un droit réel, par conséquent constituer un droit d'usufruit sur un fonds, c'est aliéner une partie de ce fonds.

Mais quand c'est l'usufruit lui-même qui est constitué en dot, quel sera l'effet de la loi Julia? Elle n'en produit pas et l'usufruit pourra s'éteindre soit indirectement par le non usage, soit directement par *in jure cessio* au propriétaire. Quent à la perte par le non-usage, Tryphoninus dans la l. 78, § 2, *de jure dotium,* l'admet formellement. Ce que Tryphoninus admet, quant à la perte par le non-usage, doit être également admis, en principe, quant à la renonciaton formelle que le mari ferait au profit du propriétaire, en employant l'*in jure cessio*. Les deux modes sont mis sur la même ligne quand il s'agit d'une servitude prédiale, pourquoi distinguerait-on entre eux quand il s'agit d'une servitude personnelle ? Lorsque l'extinction par *in jure eessio* n'est pas admise, la perte *non utendo* doit être considérée, en général, comme impossible; de même, en sens inverse, là où la loi admet la perte *non utendo*, on peut en conclure la possibilité de l'extinction par *in jure cessio* (M. Demangeat, *de fundo dotali.* p. 263). La raison de cette différence entre le droit d'usufruit et les servitudes prédiales tient à ce que le droit d'usufruit est un droit trop « fragile » qui peut s'évanouir d'un moment à l'autre, et alors n'a-t-on pas cru nécessaire de déroger au droit commun. De plus, la loi Julia parlant toujours de *prædium dotale* et les habitudes de langage des Romains n'appliquant jamais cette expression à un droit d'usufruit, on a pu croire que la loi Julia ne visait pas le droit d'usufruit (M. Demangeat, l. c.).

Les servitudes ne peuvent jamais s'acquérir par usucapion (L. 4, § 29. D. 41, 3). La loi Julia empêche que la propriété du fonds dotal soit perdue par l'usucapion. (L. 16. D. 23, 4 et l. 28, D. 50, 16). Dans la l. 16 nous voyons que si la possession est antérieure au mariage et que le mari néglige d'agir, il répond de sa faute, à moins qu'au moment du mariage il ne manque que très-peu de jours pour l'accomplissement de l'usucapion.

A l'époque classique, le fonds dotal ne pouvait être usucapé tant que la femme n'avait pas obtenu la restitution de sa dot. (L. 12, D. 23, 5). Justinien modifie-t-il cette règle dans la l. 30, C. 5, 12, lors-qu'il dit: « omnis temporalis exceptio.... ea mulie-ribus ex eo tempore opponatur ex quo possint actiones movere....? » Il semble bien, d'après cette loi que la prescription doit commencer à courir après la dissolution du mariage, avant même que le fonds ait été restitué. M. Demangeat, *de fundo dotali*, p. 367, enseigne que cette loi ne parle que de la prescription de l'action en restitution de la dot et ne se rapporte nullement à l'inaliénabilité et à l'imprescriptibilité du fonds dotal, car Justinien lui-même dans la l. 29, C. 5, 12, dit que lorsque la femme s'est fait restituer sa dot pendant le ma-riage par suite de la déconfiture du mari, elle ne peut pas aliéner tant que le mariage n'est pas dis-sous.

Dans la l. 4 D. 23, 5, nous voyons que la loi Julia défendait non-seulement d'aliéner mais en-core d'hypothéquer et, d'après les Institutes le mari ne pouvait hypothéquer, même avec le consen-tement de la femme. Mais il faut remarquer qu'à l'époque d'Auguste, où fut édictée la loi Julia, on ne connaissait pas encore l'hypothèque, mais sim-plement l'aliénation avec contrat de fiducie. D'un autre côté Gaius et Paul nous disent que la loi

Julia ne prohibait que l'aliénation du fonds dotal. (G. C. II, §§ 62 et 63 ; S. P. II, 21 B, § 2).

Il est probable que la prohibition d'hypothéquer le fonds dotal, même du consentement de la femme, vient du S. C. Velléien. On aura vu là une *intercessio* prohibée par le S. C. L'expression *obligare* de notre loi 4 n'est donc qu'une interpolation des commissaires de Justinien.

III. — La loi Julia défendait au mari seulement d'aliéner le fonds dotal, mais par une sage interprétation de cette loi, les jurisconsultes avaient étendu cetteprohibition au fiancé. (L 4. D. 23, 5). C'était aussi l'opinion de Julien : « Julianus, de dotali prædio tractatu proposito idem jus tam de uxore quam de sponsâ observari arbitratus est, licet lex Julia de uxore tantum loquatur. « L. 5. C. 6, 61. Le fonds destiné à devenir dotal et déjà transféré au fiancé ne peut doncêtre aliéné qu'avec le consentement de la femme. Et, de même que l'inaliénabilité commençait avant le mariage, elle persistait après la dissolution du mariage. (L. 12 pr. D. 23, 5).

La prohibition d'aliéner s'appliquait également aux personnes qui avaient recueilli le fonds dotal dans la masse des biens du mari : ses héritiers, le fisc, l'adrogeant (L. 1, § 1, L. 2, D. 23, 5). Si c'est le père du mari qui a reçu le fonds dotal, il ne pourra pas non plus aliéner. Si la femme a par erreur épousé un esclave, le maître deviendra bien propriétaire de la dot, mais il sera soumis à la loi

Julia. Nous pouvons donc généraliser et dire avec Paul : « Totiens autem non potest alienari fundus, quotiens mulieri actio de dote competit, aut omnimodo competitura est... (L. 3, § 1, D. 23, 5).

IV.— Nous avons maintenant à rechercher quelle était la sanction de la prohibition d'aliéner. La règle est que l'aliénation faite par le mari seul est nulle chaque fois que l'action *rei uxoriæ* appartient à la femme ou doit sûrement lui appartenir; par exemple, si l'aliénation a lieu après la dissolution du mariage, ou si la femme a stipulé la restitution de la dot. Mais, en général, le sort de l'aliénation restera en suspens jusqu'à la dissolution du mariage. Quand Papinien nous dit, dans la loi 42, *de usurpationibus : venditio non valet*, nous entendons ce texte en ce sens que l'acheteur ne peut exercer l'action *empti* pour le moment; que cette action est paralysée et le sera toujours si la dot ne reste pas au mari par le prédécès de la femme; mais si la femme prédécède, cette action retrouvera sa force, et c'est ce que Papinien veut dire quand il ajoute : « Quam defunctâ postea muliere in matrimonio, confirmari convenit, si tota dos lucro cessit marito. » On ne peut confirmer qu'un acte qui a déjà une certaine existence.

Pendant le mariage, le mari seul a l'action en revendication du fonds dotal aliéné, la femme ne saurait l'avoir, elle n'est pas propriétaire; mais après la dissolution du mariage, le mari retransférant la propriété à la femme, celle-ci doit avoir l'action en revendication.

Si le mari a vendu le fonds dotal, et que la femme soit morte *in matrimonio*, avant que le mari ait livré, nous pensons que l'acheteur a, dans ce cas, l'action *empti*, car l'intérêt de la femme n'est plus en question. Si le mari a livré et que la femme soit morte, l'acheteur opposera au mari l'exception *rei venditæ et traditæ*.

La loi Julia, on le comprend, n'est pas applicable à la dot réceptice qui n'a jamais dû revenir à la femme.

Parlons des héritiers de la femme. L'action en revendication de la dot passe aux héritiers, lorsque la femme n'est pas morte dans le mariage et qu'elle a mis le mari en demeure, ou bien lorsqu'elle a stipulé la restitution de la dot. Les héritiers, dans ce cas, jouiront du bénéfice de la loi Julia, mais ils n'auront pas le *privilegium inter personales actiones* qui est intransmissible. Nous ne devons pas perdre de vue que la loi Julia n'a été établie que pour protéger la femme; faudra-t-il refuser aux héritiers le droit d'invoquer la loi Julia, quand il s'agira d'aliénations postérieures à la dissolution du mariage et au décès de la femme qui sera morte sans avoir mis le mari en demeure? L'héritier de la femme ne succède à ce droit que si ce droit est né *in personâ mulieris*.

L'aliénation du fonds dotal était valable si elle avait été faite avec le consentement de la femme.

Mais la femme seule avait le droit de consentir à cette aliénation; le beau-père ne pouvait autoriser le gendre, même quand la femme était encore sous la puissance-paternelle, c'est une dérogation aux principes de la puissance paternelle, dérogation basée sur ce que la loi Julia n'avait en vue que l'intérêt de la femme (L, 12. § 1. D. 23.5).

V.— L'aliénation du fonds dotal est permise dans certains cas, sans qu'il soit besoin d'obtenir le consentement de la femme. On peut les diviser en deux catégories : les cas où l'aliénation a lieu *per universitatem*, les cas où l'aliénation est nécessaire.

1º Quoique le mari n'eût pas le droit d'aliéner le fonds dotal, il transmettait néanmoins ce fonds avec la masse de ses autres biens à son héritier; 2º Si le mari subissait une *maxima capitis minutio*, le maître sous la puissance duquel il tombait, acquérait la propriété de la dot (L. 2. pr. D. 24. 5); 3º Si le mari se donnait en adrogation, la dot passait avec tout son patrimoine dans celui de l'adrogeant; de même, s'il était adopté (D. 46. D. *fam. ercisc.*); 4º Si le mari entrait dans une *societas totorum bonorom*, la dot devenait indivise entre tous les associés, sauf au mari à la prélever sur l'actif social, si la société se dissolvait pendant le mariage (L. 65. § 16. D. *pro socio;* L. 51. pr. *fam. ercisc*); 5º Lorsque le mari devenant insolvable, ses créanciers faisaient vendre ses biens, le *bonorum emptor* acquérait la dot avec la masse, sauf à la femme à exercer son privilége sur le prix à l'encontre des créanciers. Cela ne sera plus vrai sous Justinien où la femme peut revendiquer les choses dotales; 6º Le fonds dotal passait également au fisc par confiscation ou en vertu d'une disposition caducaire (L. 2. § 1. D. 23. 5 ; L. 1. pr. D. 48. 20). Le fisc était soumis à l'action *rei uxoriæ* (L. 66. pr. D. 24. 3).

La loi Julia avait pour but d'empêcher la dissipation de la dot par le mari ; elle ne prévoyait donc que les actes d'aliénation dépendant de sa volonté. Il y avait exception à la règle de l'inaliénabilité : 1º Lorsque, sur le refus du mari de donner la *cautio damni infecti*, un tiers était envoyé en possession du fonds et en devenait propriétaire par usucapion. (L. 1, pr. D. 23, 5) ; 2º Lorsque le mari ayant un reçu en dot un fonds qui appartenait par indivis à la femme et à un tiers, ce dernier l'actionnait en partage ; 3º Lorsque le mari exerçait l'action en revendication du fonds dotal possédé par un tiers, et que celui-ci n'obéissait pas à l'ordre du juge ordonnant la restitution. Il faut admettre ici, avec M. Demangeat et contrairement à l'opinion de M. Pellat, que le revendiquant ne pouvait pas se faire mettre en possession *manu militari*.

RESTITUTION DE LA DOT

1. — Deux règles dominent cette matière : 1º La femme ne peut redemander la dot pendant le mariage. La raison en est bien simple, c'est que la dot est destinée à subvenir aux charges du mariage. Cette règle ne subit d'exception que dans le cas de désordre des affaires du mari ; 2º La restitution anticipée est nulle. Le mari peut redemander la dot avec les fruits et intérêts du jour de la restitution. La nullité de cette restitution découle d'une disposition légale spéciale. La prohibition des donations entre époux ne suffit pas à l'expliquer, car les donations de fruits étaient permises, et d'un autre côté nous voyons que le mari n'est pas libéré par cette restitution. C'est donc au moins autant l'intérêt de la femme que celui du mari que vise cette disposition, ce qui nous permet de la rattacher aux lois portées sous Auguste, lois qui organisèrent tout un système destiné à protéger la femme en vue d'un second mariage de sa part. Notre seconde règle subissait quelques exceptions, ainsi la dot pouvait être restituée pendant le mariage : pour payer les dettes de la femme, pour

venir au secours de personnes tenant de près à la femme.

Le principe était donc que la restitution n'avait lieu qu'à la dissolution du mariage, arrivée soit par le divorce, soit par le prédécès du mari. Si le mariage était dissous par le prédécès de la femme, le mari gardait la dot adventice et même la dot profectice, si l'ascendant qui l'avait constituée était lui-même prédécédé.

Si l'un des époux subissait une *maximâ capitis minutio*, l'effet était le même que si cet époux était mort, à moins que la *capitis minutio* ne fut le résultat d'une captivité, auquel cas on appliquait la fiction du *postliminium*.

La dot profectice retourne à l'ascendant qui l'a constituée, s'il vit encore. (L. 6 D. 23, 3). Si la femme survit, que la dot soit adventice ou profectice, c'est à elle qu'elle doit être restituée. Mais si elle est sous la puissance de son père, c'est lui qui exercera l'action *rei uxoriæ* avec le concours de sa fille. Celle-ci sera d'ailleurs censée donner son consentement par cela seul qu'elle ne s'opposera pas aux poursuites avant la *litis contestatio*. Soit que le père agisse sans le consentement de la fille, ou la fille sans le consentement du père, celui des deux dont le consentement aura manqué, pourra agir contre le mari, à moins qu'il n'y ait aucun intérêt. (L. L. 4, 22 § 3, 37, 3, 21, D. 23, 3). L'action ne passe aux héritiers de la femme que si elle a déjà mis le mari en demeure de restituer. La restitution de la dot réceptice était poursuivie par le constituant.

Si le mari était *sui juris*, lors de la constitution de dot, c'est contre lui que l'action est dirigée (L. 22, § 12, h. t.) ; s'il était sous la puissance de son père et que la dot ait été constituée à celui-ci, c'est contre le père que la restitution de la dot est poursuivie. Si elle a été constituée au mari, on a contre le mari l'action *rei uxoriæ* et contre le père l'action *de peculio* ou *de in rem verso*.

La restitution de la dot est poursuivie contre les héritiers du mari ou du père. Si le mariage subsiste encore quand le père vient à mourir, il n'y a pas lieu à l'action *rei uxoriæ*, mais le fils prélève toute la dot dans la succession paternelle.

L'action est dirigée contre l'adrogeant ou l'adoptant, si le fils s'est donné en adrogation ou a été adopté.

II. — Le mari doit restituer tout ce qu'il a reçu en dot, suivant les distinctions que nous avons faites Si la dot doit être restituée en nature, les fruits échus ou perçus pendant le mariage appartiennent au mari pour subvenir aux charges du mariage. Les fruits échus ou perçus avant le mariage ou après la dissolution augmentent la dot. Dans les fruits on comprend les produits des carrières ouvertes pendant le mariage, et même le mari pourra se faire indemniser des frais d'ouverture, s'il a créé une source durable de revenus, la carrière étant encore en rapport au moment de la restitution. S'il en était autrement, la femme aurait droit à une indemnité, puisque le fonds aurait été dégradé par l'ouverture et l'exploitation de la carrière. (L. 7, § 13. D. 24, 3 ; L. 18, 23, 5.) Quant à ce qui est acquis à l'occasion des biens dotaux et qu'il n'est pas dans leur nature de produire, par exemple, le part des esclaves, le mari doit le restituer.

Si le mariage a duré moins d'un an ou un an plus une fraction, le mari ne garde de la dernière récolte qu'une part proportionnelle à la fraction d'année qu'a duré le mariage. Les fruits ne s'entendent que déduction faite des dépenses qui ont été nécessaires pour les produire. (L. 7. pr. et § 16, 24, 3.)

Si le mari a reçu en dot une créance il restitue la créance, s'il n'a pas pris pour lui les risques de la solvabilité du débiteur et s'il n'est pas en faute de n'avoir point exigé le paiement. Si le débiteur est le père de la femme ou un donateur, les risques sont pour la femme.

III. — La femme peut subir des rétentions. Ulpien nous signale cinq causes de rétention : 1° *propter liberos*, quand le divorce a eu lieu par la faute de la femme ou que la dot profectice doit, par suite du prédécès de la femme, retourner à l'ascendant ; 2° *propter mores*, cette rétention a lieu à raison de l'inconduite de la femme ; 3° *propter impensas*, elle s'exerce à l'occasion de certaines dépenses faites par le mari sur les biens dotaux, elle a lieu d'une façon absolue pour les dépenses nécessaires et elle s'exerce aussi pour les dépenses utiles quand elles ont eu lieu du consentement de la femme ; 4° *propter res donatas*, cette rétention est fondée sur le principe de la prohibition des donations entre époux ; 5° *propter res amotas*, le mari retient sur la dot même la valeur des choses détournées par la femme à son préjudice en vue du divorce.

Le mari poursuivi par l'action *rei uxoriæ* jouit du bénéfice de compétence, il ne peut y renoncer. Son père en jouit également. Ce bénéfice ne passe qu'aux enfants communs, non aux autres héritiers.

IV. — Le mari doit restituer tout de suite les corps certains. Pour les quantités il a trois termes d'une année chacun. Si une dette de corps certain a été transformée en une dette de quantité sans la faute du mari, il jouit des délais. Il n'en jouit pas dans le cas contraire.

V. — La restitution de la dot se poursuit avant Justinien par l'action *rei uxoriæ* ou par l'action *ex stipulatu*. Plusieurs différences existent entre ces deux action : 1° l'action *rei uxoriæ* n'a lieu que lorsqu'il y a possibilité pour la femme de contracter un second mariage : mort du mari, divorce ; l'action *ex stipulatu* a lieu sans distinction et dans les termes mêmes de la stipulation. 2° L'action *rei uxorciæ* ne se transmet aux héritiers que si le mari a été mis en demeure, l'action *ex stipulatu* est toujours transmissible ; 3° L'action *rei uxoriæ* peut être accompagnée de certaines rétentions qui ne peuvent être exercées dans le cas de l'action *ex stipulatu*. 4° Dans l'action *ex stipulatu* il n'est pas question des délais dont jouit le mari tenu de l'action *rei uxoriæ*. 5° Le mari poursuivi par l'action *ex stipulatu* n'a pas le bénéfice de compétence. 6° La femme légataire du mari mort pendant le mariage doit opter entre l'action *rei uxoriæ* et le bénéfice de la disposition testamentaire, l'action *ex stipulatu* peut se cumuler au contraire avec l'action *ex testamento*. 7° L'action ex stipulatu est de droit strict, l'action *rei uxoriæ* de bonne foi.

VI. — Un droit de préférence sur les créanciers chirographaires est accordé à la femme pour sûreté de la restitution de sa dot. Ce privilége est personnel et la femme qui peut céder sa créance dotale ne peut céder le privilége qui la garantit. Ce droit de préférence ne passe pas aux héritiers de la femme. Nous avons vu qu'il était quelquefois accordé à la femme même quand il n'y avait pas mariage. Des sûretés conventionnelles telles qu'un gage, une hypothèque peuvent en outre assurer à la femme la restitution de sa dot. La femme peut renoncer à ces garanties ; elles passent à ses héritiers.

RÉFORMES DE JUSTINIEN

La dot doit rester la propriété de la femme.
C'est cette idée nouvelle qui paraît avoir inspiré
les réformes de Justinien. Elle semble se dégager
de toutes les dispositions législatives qui ont trait
à notre matière. Il n'est pas difficile de s'expliquer
cette timidité dans l'innovation, quand on sait
combien le législateur romain a été de tout temps
respectueux des anciennes traditions. Ainsi voyons
nous Justinien dans une constitution de l'an 529
(L. 30 C. 5. 12) imaginer une propriété naturelle
qui aurait appartenu à la femme, à côté de la propriété civile du mari, et accorder, comme sanction
de ce nouveau droit, une action en revendication
à la femme pour le recouvrement de sa dot. C'est
svr les meubles dotaux non aliénés par le mari et
sur les immeubles indûment aliénés que devait
s'exercer cette action ; mais elle ne pouvait atteindre les immeubles dotaux valablement aliénés,
c'est-à-dire aliénés avec le consentement de la
femme jusqu'à l'an 530 et *ex causâ necessariâ* de-

puis la Constitution de cette année. Les meubles vendus par le mari étaient également à l'abri de cette action en revendication, le mari avait pu ne transférer valablement la propriété; mais, même dans ce cas nous ne voyons pas la femme entièrement désarmée, une hypothèque lui permettra d'atteindre les objets aliénés jusque dans les mains du tiers acquéreur, si toutefois elle n'y a pas renoncé. Pour les objets estimés, comme, sauf convention au contraire, l'estimation vaut vente, la revendication ne sera pas possible, même contre le mari, attendu qu'il est acheteur et par conséquent propriétaire des choses estimées, le droit de la femme n'a pour objet qu'une somme d'argent. Ce droit est également garanti par une hypothéque.

Etudions en détail ces réformes de Justinien et nous verrons si c'est véritablement l'idée de propriété qui les a inspirées.

1. Nous voyons dans plusieurs textes (Just. § 29 *De action.;* L. un. C. *De rei ux. act.*) la substitution d'une action unique (*ex stipulatu de dote*) aux deux actions (*rei uxoriæ, ex stipulatu*) qui garantissaient avant 530 la restitution de la dot. Justinien dans les §§ 1, 6, 13, L. un. C. 5, 13 décide que de quelque manière que soit dissous le mariage, la femme ou ses héritiers pourront toujours redemander la dot, comme s'il y avait eu en ce sens stipulation avec le mari. Il en est de même pour l'ascendant si la dot est profectice et que la femme soit prédécé-

dée. Il attribue à la nouvelle action quelques-uns des caractères de l'action *rei uxoriæ* : il en fait une action de bonne foi, ce qui permet de sous entendre la *cautio de dolo*, suite habituelle de la stipulation ; il la concède à la femme seule lorsque le père est précédé ; il laisse le mari jouir comme auparavant du bénéfice de compétence et il continue de lui accorder les fruits perçus pendant le mariage, avec le partage proportionnel pour la dernière année. La femme instituée légataire par son mari peut cumuler l'action en restitution avec l'action qui naît du testament.

II. *Taceat in ea retentionum verbositas.* C'est en ces termes que Justinien supprime les rétentions qui appartenaient autrefois au mari, en exceptant toutefois la rétention pour impenses nécessaires. Ces impenses nécessaires diminuent de plein droit la dot; (L. 56, § 3, D. 23, 3), en ce sens que la dépense nécessaire diminue d'autant la dot pécuniaire. Lorsqu'il n'y a pas de dot pécuniaire, ou si elle est insuffisante, on distingue : 1° la dépense est inférieure à la valeur du fonds, le mari n'a que le droit de retenir le fonds jusqu'à ce qu'elle ait été remboursée ; 2° il a été fait des dépenses successives dont le total est égal ou supérieur à la valeur totale du fonds : alors la femme doit rembourser le mari dans le délai de un an à partir de la dernière dépense, sans quoi le fonds cesse d'être dotal, et le mari gardera la dot à titre de dation en payement. Si la femme rembourse dans ce délai, la loi 56 § 3 décide que le fonds est redevenu dotal, et par suite, il n'aura pu être valablement aliéné.

Le droit de rétention pour les dépenses utiles est remplacé par l'action de mandat ou de gestion d'affaires, qu'on refusait auparavant au mari, parce qu'il était propriétaire de la dot. Cette innovation s'explique très-bien par l'idée que la femme est restée propriétaire de la dot.

Justinien modifie les délais pour faire la restitution. Le mari doit rendre immédiatement les immeubles, il a un délai d'un an pour les meubles. Justinien n'a pas été heureux dans cette innovation, il n'aurait pas dû perdre de vue que les meubles ne sont pas toujours des quantités.

III. Nous allons nous occuper d'une innovation bien plus importante, celle qui accorde à la femme une hypothèque pour la restitution de sa dot.

Avant Justinien la femme n'avait qu'un *privilegium inter personales actiones*, elle primait seulement les créanciers chirographaires de son mari. Elle pouvait bien stipuler une hypothèque, mais celle-ci ne prenait rang qu'à dater de la convention. Justinien par trois constitutions successives compléta la législation sur ce point.

La première constitution est de 529 (L. 30 C. 5 12) Elle garantit la restitution de la dot par une hypotèque privilégiée sur les biens dotaux, meubles ou immeubles estimés ou non. Cette hypotèque frappe probablement aussi les choses achetées *ex pecuniâ dotali*. La femme a le droit de suite sur ces différents objets, à moins qu'elle n'ait renouée à son hypothéque en concourant à la vente.

S'il s'agit de créances dotales qui ont été dissipées, car les débiteurs ont pu valablement payer entre les mains du mari, ou si les biens dotaux ont été dégradés ou ont péri, la garantie accordée à la femme devient inefficace. Justinien prévoit le danger et par une constitution de l'an 530 il donne à la femme et à toute personne qui peut demander la restitution en vertu d'une disposition légale, une hypothèque générale sur tous les biens du mari, à compter du jour du mariage. La dot de la femme est alors à peu près sauvegardée, car, alors même qu'elle donnerait son consentement à l'aliénation des fonds dotal, elle recevra sur le prix des biens du mari une valeur égale.

IV. Mais il peut arriver que le mari n'ait pas de biens personnels, la garantie donnée à la femme devient alors illusoire, car son consentement à l'aliénation l'empêche d'opposer son hypothèque privilégiée au tiers acquéreur. Justinien voulant mériter le surnom d'*Uxorius* décide alors que le mari ne pourra aliéner le fonds dotal, même avec le consentement de la femme. Quant à la faculté de renoncer à l'hypothèque, telle que la reconnaissait Anastase, elle se trouve maintenant restreinte à l'hypothèque simple sur les biens de son mari et à l'hypothèque privilégiée sur les immeubles apportés en dot avec estimation. (L. un, §15 C. 5, 13). La femme peut-elle toujours renoncer à son hypothèque privilégiée sur les meubles dotaux? C'est probable, car l'empereur ne parle de sauvegarder son droit qu'en tant qu'il porte sur le *fundus proprie dotalis*. Il serait étrange que la femme, maîtresse de renoncer à l'hypothèque privilégiée sur les immeubles dotaux estimés, ne put pas renoncer à son hypothèque sur les biens mobiliers apportés en dot.

V. Justinien, obsédé, dit-on, par les intrigues de la comédienne Théodora, devenue son épouse, transforme en l'an 531 l'hypothèque générale de la femme en une hypothèque privilégiée et la fait ainsi passer avant tous autres créanciers hypothécaires, même antérieurs au mariage. C'est dans la constitution connue sous le nom de loi *Assiduis* que Justinien édicte cette disposition inique et contraire aux principes, selon les justes expressions de Pothier. Les motifs donnés par Justinien sont puérils, il suffit de les reproduire : « Puisque dans l'ancien droit, dit-il, la femme, créancière chirographaire, primait tous les autres créanciers du mari, même antérieurs au mariage, pourquoi, maintenant qu'elle est créancière hypothécaire, ne primerait-elle pas de même les créanciers hypothécaires de son mari, quelle que soit la date de leur hypothèque. C'est traiter les créanciers qui ont pris toutes leurs précautions comme ceux qui n'en ont pris aucune.

On a essayé de restreindre la partie de cette loi. Doneau, sur la loi dernière au Code, *qui potiores*,

8, 18 et le président Favre. C. lib. VIII, tit. 8, pré-
tendent que les termes de la constitution, d'après
laquelle la femme prime les créanciers hypothécaires, *licet temporis privilegio vallati*, ne s'appliquent qu'aux créanciers qui tiennent de la loi un
privilége antérieur et non à ceux qui ont obtenu
antérieurement au mariage une hypothèque con-
ventionnelle. Ç'était l'opinion généralement admise par les anciens commentateurs, *sententia
consuetudine recepta*, dit Perezius. On ne saurait
admettre cette distinction qui n'est écrite nulle
part, quand on voit Justinien, non content de parler en termes généraux, (Inst. IV, 6. § 29), dire précisément que la dot ne peut plus être entamée dé-
sormais par les créanciers antérieurs au mariage,
L. 12 C. 8, 18.

On ne peut pas dire que Justinien a voulu remédier au danger que faisait courir à la femme le défaut de publicité du système hypothécaire romain,
car depuis 469, les hypothèques qui n'étaient point
rendues publiques, c'est-à-dire consignées dans un
acte souscrit par trois témoins de bonne réputation
(*integræ opinionis*), n'étaient point opposables à la
femme. (L. 11, C. 81. 8).

Nous devons dire cependant que le privilége
exhorbitant de la loi *Assiduis* n'est accordé qu'à la
femme. (Inst. § 29 *De act.*) encore depuis 531 doit
elle être orthodoxe, (Nov. 109, ch. 1) et à ses enfants, en cas de nouveau mariage de leur père (nov.
91. præf.) Les autres héritiers, aussi bien que son

père, en cas de dot profectice, ne peuvent se prévaloir que de l'hypothèque générale tacite.

C'est seulement cette dernière hypothèque qui peut être invoquée, quand le mari a été autorisé à recevoir le payement des créances paraphernales de la femme.

L'argument de dot peut aussi, mais sous certaines conditions, être garanti par l'hypothèque privilégiée. Il doit être constitué en immeubles, quand le mari est antérieurement grevé de créances hypothécaires. Autrement la femme n'aura plus que l'hypothèque tacite, qui ne prendra rang que du jour de la constitution de l'augment, comme le décidait pour tous les cas l'empereur Justin. (L. 19, C. 5, 3). La donation *ante nuptias* n'est pas garantie par l'hypothèque privilégiée, et Cujas nous en donne la raison. En perdant sa dot, la femme se ruine, en perdant une donation *ante nuptias* elle manque seulement de réaliser un gain. (Nov. 97, ch. 3, *in fine*).

Tous les créanciers du mari ne sont pas primés par la femme, malgré la loi *Assiduis*. Ainsi, la veuve n'est colloquée qu'après les enfants du premier lit, encore créanciers de la dot de leur mère, sauf son droit exclusif sur les choses mêmes qu'elle a apportées en dot. (L. 12, § 1, C., 8, 18 ; Nov. 91, ch. 1). Le créancier qui, en prêtant de l'argent pour l'acquisition d'un office, s'est réservé expressément la préférence, dans un acte écrit signé de témoins, passe avant la femme. (Nov. 97, Ch. 4.)

On reconnaît aussi un droit préférable au banquier *(argentarius)* qui en prêtant avant le mariage de l'argent pour l'acquisition de certains objets mobiliers ou immobiliers que Justinien n'énumère pas, avait eu soin de se faire constituer par écrit une hypothèque sur ces objets.

DROIT FRANÇAIS

DU RÉGIME DOTAL

Nous n'avons pas eu l'intention de faire une étude
complète et détaillée du régime dotal. Le cadre res-
treint d'une thèse ne saurait se prêter à une œuvre
didactique que le profond sentiment de notre insuf-
fisance nous empêcherait d'ailleurs d'entreprendre.
Indiquer l'esprit de ce régime, mettre en lumière les
principes qui le dominent, en discutant quelques
unes des principales questions qu'il fait naître, tel
a été le double but que nous avons essayé d'atteindre.

INTRODUCTION

Le régime dotal a été vivement attaqué et par les jurisconsultes et par les économistes. Les uns se contentent de demander des modifications, d'autres proposent une mesure plus simple et plus radicale : « Un trait de plume passé sur le chapitre du régime dotal dans le Code civil. » (Homberg, abus du régime dotal).

On doit convenir que le régime dotal peut donner naissance à des abus ; mais nous ne pensons pas que l'on puisse entièrement justifier les critiques sans mesure dont il a été l'objet. N'est-il pas légitime que l'affection prudente d'un père exige des garanties efficaces, avant de livrer à un gendre la fortune et l'avenir d'une fille? Nous ne saurions trouver étrange que la femme prenne des précautions à l'égard de son mari, dans le but d'assurer la conservation de sa fortune et de n'être point forcément victime des dissipations ou des malheurs de son conjoint. Nous ne comprenons très-bien, d'un autre côté, qu'une femme, se défiant de sa faiblesse ou de son inexpérience, veuille faire porter au mari seul le poids de l'administration des biens.

Les dangers que pouvait présenter pour les tiers le régime dotal ont été bien diminués par l'importante loi du 10 juillet 1850.

Ce régime est conforme à nos mœurs. Il suffit de dire qu'il est généralement pratiqué dans une grande partie de la France et de rappeler avec quelle énergie on s'est levé contre sa suppression, lors du premier projet du Code civil.

A l'époque où nous vivons, on ne saurait trop respecter et encourager l'affection du propriétaire pour la terre fécondée par son travail. De trop faciles mutations de propriété ne seraient-elles pas contraires à l'intérêt bien entendu de l'agriculture et par suite à l'intérêt général? Le régime dotal, d'ailleurs, tel qu'il est pratiqué, ne frappe pas la terre d'immobilité, et est loin de créer, comme on l'a dit des biens de main-morte, car les échanges, les aliénations sous clause d'emploi, les partages impriment aux immeubles, un mouvement suffisant. On n'adopte presque jamais le régime dotal pur.

Qu'on ne dise pas que ce régime, séparant les intérêts des époux, laisse la femme indifférente à la prospérité des affaires domestiques ; car nous voyons se multiplier tous les jours les contrats de mariage établissant une société d'acquêts à côté du régime dotal.

Nous n'irons pas jusqu'à dire qu'il est inutile d'apporter des modifications à ce régime et qu'aucune critique ne peut l'atteindre. Il nous paraît que l'on pourrait adopter sans danger le principe établi par le législateur italien, que les biens dotaux pourront toujours être aliénés, même sans remploi, avec l'autorisation de justice. « Le contrôle tutélaire et intelligent des tribunaux remplacerait ainsi la résistance inflexible et aveugle de la loi ». (M. Gide, *La condition privée de la femme*). Nous verrions également avec plaisir notre Code revenir à la pratique si sage de la coutume de Normandie, en obligeant la femme, au cas d'aliénation de l'immeuble dotal, à recourir d'abord contre son mari. On pourrait aussi sans danger laisser au tiers acquéreur la faculté de se libérer envers la femme, en restituant, à son choix, soit l'immeuble lui-même, soit une somme égale au montant de sa valeur.

S'il nous est permis de faire reconnaître notre sentiment, nous dirons en nous résumant : Le régime dotal doit être maintenu. Il est facile de faire disparaître les inconvénients qu'il peut avoir et il ne restera plus alors qu'une loi prudente et sage qui, sans faire obstacle au mouvement utile et avantageux de la propriété, mettra un frein salutaire aux entraînements du dissipateur sans conscience et du spéculateur trop hardi.

DU RÉGIME DOTAL

I. Le mot *dot* est une expression générique désignant, sous le régime de la communauté comme sous le régime dotal, le bien que la femme apporte au mari pour soutenir les charges du mariage. On, ne peut donc dire que le régime dotal est celui où il y a une dot. Remarquons même, avec M. Colmet de Santerre, que le Code suppose un régime dotal sans dot (art. 1578). L'inaliénabilité n'est pas non plus de l'essence du régime dotal. Nous devons renoncer à donner une définition de ce régime. On ne peut qu'en tracer les caractères principaux en disant : ce régime se distingue des autres régimes matrimoniaux par l'inaliénabilité dont, en principe, sont frappés les biens dotaux; par une grande extension donnée aux pouvoirs du mari sur certains biens de la femme; enfin par l'existence d'une classe de biens dont l'administration et la jouissance sont réservées à la femme et qu'on appelle « biens paraphernaux ».

II. Le régime dotal, étant un régime exceptionnel, ne peut être établi que par une déclaration expresse. La loi n'exige pas l'emploi de termes sacramentels, mais il faut que l'intention des parties soit sans équivoque. L'article 1392 est formel sur ce point, quand il nous dit que la simple stipulation que la femme se constitue des biens en dot ne suffit pas pour soumettre ces biens au régime dotal, et que la soumission à ce régime ne résulte pas non plus de la déclaration faite par les époux qu'ils se marient sans communauté, où qu'ils seront séparé de biens.

III. L'art. 1541 distingue deux classes de biens : 1º Biens appartenant à la femme ou lui advenant durant le mariage. 2º Biens donnés à la femme en contrat de mariage.

Biens appartenant à la femme ou lui advenant durant le mariage. — Ces biens sont paraphernaux, sauf stipulation contraire. Les anciens auteurs étaient fort divisés, les coutumes variaient aussi. Dumoulin, Guy-Pape, Coquille enseignaient que tous les biens de la femme qui ne s'était point constitué de dot étaient dotaux et plusieurs coutumes, notamment celles du Dauphiné, de la Marche, de l'Auvergne, le disaient en propres termes. Beauconp d'auteurs, au contraire, au premier rang Furgole, ainsi que de nombreuses coutumes, proclamaient la paraphernalité.

L'art. 1541 a tranché la question. La décision est parfaitement conforme aux principes, car la constitution de dot contient une aliénation de l'usufruit des biens dotaux et cette aliénation ne doit pas se présumer. S'il en est autrement sous le régime de communauté, c'est que, sous ce régime, la femme acquiert un droit sur les biens de son mari. De

plus, comme la dot n'est pas un accessoire nécessaire du mariage, qu'on peut se marier sans dot, il
faut en prouver la constitution.

La constitution de dot peut être implicite. Il est
évident, en effet, que la femme qui se marie sous le
régime dotal et qui se réserve comme paraphernaux
tels et tels biens déterminés, a entendu se constituer
en dot ses autres biens.

*IV. Biens donnés à la femme en contrat de ma-
riage.* — Ces biens sont dotaux. C'est là une interprétation fort résonnable de la volonté du donateur,
qui est présumé avoir donné ces biens pour aider
les époux à supporter les charges du mariage.

La jurisprudence de nos anciens parlements était
loin d'être uniforme sur ce point. Cette divergence
tenait principalement à ce que dans plusieurs provinces les mots : *dot, constitue* étaient absolument
nécessaires pour imprimer aux biens donnés le caractère de dotalité.

Une question se présente ici : l'art. 1541 régit-il
le cas où un bien est donné à la femme par le mari
dans le contrat de mariage? Les auteurs sont divisés sur ce point, ainsi que la jurisprudence; mais il
nous paraît que, malgré la généralité de l'art 1541,
si on se reporte à la définition de la dot donnée par
l'art. 1540, le bien donné à la femme par le mari est
paraphernal. L'art. 1541 n'a en vue que les biens
donnés à la femme par des tiers, pour supporter les
charges du mariage. Or, il est clair que ce n'est pas
dans ce but que le mari fait une donation à la

femme. Nous ne ferons pas, et pour la même raison, la distinction proposée par quelques auteurs
entre le cas où la femme a des paraphernaux, et celui
où elle s'est constituée en dot ses biens présents et
à venir. Le motif de notre solution est le même
dans les deux cas.

Les biens donnés à la femme, même en faveur du
mariage, mais en dehors du contrat de mariage, ne
sont point, comme tels, frappés de dotalité. Nous
ne sommes plus, en effet, gouvernés ici par la
deuxième partie de l'art. 1541, mais par la première.

V. Une constitution de dot peut être faite à
terme, c'est-à-dire, qu'on peut stipuler que la dot
ne sera payable que dans un certain délai, mais le
délai ne commencera à courir que du jour du mariage.

VI. Une dot peut également être constituée pour
un certain temps. Nous ne nous arrêtons pas à
l'objection que la cause de la dot est perpétuelle. Il
faut voir ce que les parties ont voulu faire. Un père
donne à sa fille par contrat de mariage une somme
de 50,000 fr. et stipule que cette somme lui sera
rendue dans dix ans. C'est absolument comme s'il
disait : « Je donne à ma fille l'usufruit d'une somme
de 50,000 francs pendant dix ans. » L'usufruit de
cette somme pendant ce temps, voilà la dot.

Les constitutions de dot sont toujours faites sous
la condition que le mariage aura lieu. La condition
est défaillie si l'un des époux se marie avec une

autre personne, alors même qu'après la dissolution de ce mariage, le premier mariage projeté aurait lieu.

La présomption de dotalité établie par l'art. 1541 est bornée au cas où le donateur ne s'est pas expliqué.

DE LA CONSTITUTION DE DOT

Nous venons de voir dans quels cas il y a constitution de dot, examinons maintenant ce que peut comprendre la constitution.

I. Elle peut frapper tout ou partie des biens présents et à venir de la femme, tout ou partie de ses biens présents seulement, ou même un objet individüel (art. 1542).

La loi, quant à l'étendue naturelle de la constitution de dot, applique ici le principe posé dans l'art. 1541 : Dans le doute les biens sont paraphernaux. Ainsi la constitution en termes généraux des biens de la femme ne comprend pas les biens à venir. Mais on ne doit pas comprendre comme biens à venir ceux sur lesquels la femme a une action pure ou conditionnelle : « Qui actionem habet » ad rem recuperandam, ipsam rem habere vi- » detur. »

Une femme s'est constitué en dot ses biens présénts seulement, elle est dans l'indivision pour un immeuble que le partage met ensuite dans son lot, l'immeuble est-il dotal entier? Non, l'immeuble est dotal pour la part indivise que la femme y avait et paraphernal pour le reste, car l'art. 883 édicté pour protéger chaque copartageant contre les ayant-cause des autres ne saurait recevoir ici d'application. Nous retrouverons cette question sous l'art. 1558.

II. À quelle époque peut être constituée la dot? L'art. 1543 répond à cette question en décidant que la dot ne peut être constituée, ni même augmentée pendant le mariage. Il ne faut pas voir là seulement une simple application du principe posé dans l'art. 1395. La loi a voulu, en outre, empêcher les tiers de donner sous la condition que les biens seraient dotaux et par suite aliénables. (Nous réservons la question de l'aliénabilité de la dot mobilière). S'il en était autrement, les époux en montrant leur contrat de mariage où ne figurerait pas comme dotal le bien donné, obtiendraient un crédit que leur situation ne comporterait pas, puisque les créanciers ne pourraient atteindre les biens sur lesquels ils auraient compté. La loi évidemment ne défend pas au donateur de donner au mari l'usufruit et à la femme la nue-propriété, ce qui fera ressembler jusqu'à un certain point cette opération à la constitution de dot; mais le bien donné sera aliénable, le mari n'aura pas les droits exorbitants que lui confère l'art. 1549, etc.

Si le bien est donné sous cette condition qu'il sera dotal, la condition sera réputée non écrite et le bien sera paraphernal (art. 900).

L'art. 1543 ne défend pas de donner un bien à une femme qui s'est constitué en dot ses biens présents et à venir, sous la condition que le bien donné sera paraphernal.

Effets de la constitution de dot au point de vue des constituants mariés sous le régime dotal. — I. « Ne dote qui ne veut... C'est ce principe des pays de Coutume que notre Code consacre dans l'art. 204. Les art. 1544, 1545 et 1546 contiennent des interprétations de la volonté des parents mariés sous le régime dotal ; mais les décisions de ces articles, quoique paraissant écrites spécialement pour le cas où la constitution de dot est faite en faveur d'une fille qui va se marier sous le régime dotal, peuvent s'appliquer également à tout autre régime adopté par les futurs époux. Les rédacteurs du Code ont trouvé ces règles dans les auteurs qui traitaient spécialement du régime dotal et ils les ont copiées, sans prendre garde qu'ils mettaient en tête d'un régime particulier des règles s'appliquant à tous les régimes.

II. Si les père et mère constituent conjointement la dot sans autre explication, ils sont censés l'avoir constituée chacun pour moitié.

Quant à la constitution faite par le père, elle ne saurait obliger la mère, alors même que la mère serait présente et que le père dirait que la dot est constituée pour droits paternels et maternels.

Dans l'art. 1439 la loi met pour moitié, à la charge de la femme acceptant la communauté; mais c'est simplement parce que la femme succède pour partie à la communauté et qu'elle doit en supporter proportionnellement les charges. Aussi appliquerions-nous l'art. 1439 et non l'art. 1545 si le père et la mère mariés sous le régime dotal avaient stipulé une société d'acquets et que la dot donnée à leur fille fut constituée en effets de la communauté.

III. L'art. 1545 supposant que le survivant des époux constitue une dot pour biens paternels et maternels, sans spécifier les portions, décide que la dot se prendra d'abord sur les droits du conjoint prédécédé et le surplus sur les biens du constituant, en vertu du double principe que les libéralités ne se présument pas et que dans le doute la convention s'interprète en faveur de celui qui a contracté l'obligation (1163). Mais il en serait différemment si la fille avait des biens dont la jouissance légale appartiendrait à ses père et mère. Dans ce cas, la dot se prendrait sur les biens des constituants (art. 1546). C'est tout naturel, car si elle devait se prendre sur les biens de la fille, les parents, en réalité, ne donneraient rien, puisque la fille étant émancipée par le mariage, l'émancipation fait cesser la jouissance légale.

IV. Sous le régime dotal, comme sous les autres régimes, les constituants sont tenus de la garantie de la dot, sans distinguer, comme sous l'ancienne jurisprudence, entre le cas où la dot est constituée par le père de la femme et celui où elle est constituée par un étranger.

Les intérêts courent de plein droit du jour du mariage, encore qu'il y ait terme sur le paiement, sauf stipulation contraire.

DROITS DU MARI SUR LES BIENS DOTAUX

I. Le mari n'est pas, en principe propriétaire des biens constitués en dot. A Rome le mari était *dominus dotis*, mais peu à peu les lois, dans l'intérêt de la femme, restreignirent ce droit, et dans les derniers temps les deux attributs du droit de propriété, le droit d'aliéner et le droit d'hypothèquer, lui furent enlevés. Le Code n'a fait que supprimer un titre que la tradition avait conservé au mari, pendant que les lois lui en enlevaient le bénéfice.

L'intérêt de la question est considérable ; il nous suffira de signaler un point de vue. La femme a apporté en dot à son mari un immeuble. Elle meurt et ses héritiers laissent passer trente ans sans exiger du mari la restitution de l'immeuble. Si nous supposons que le mari est devenu propriétaire par suite de la constitution de dot, il demeure propriétaire après la mort de sa femme, soumis, il est vrai, à partir de ce moment à une action en restitution de la dot; mais cette action peut être prescrite par un délai de trente ans; au bout de ce temps le mari sera propriétaire irrévocable, non point en vertu d'une prescription acquisitive, puisqu'il était propriétaire, mais bien d'une prescription libératoire de l'action en restitution de la dot.

Si nous admettons, au contraire, que le mari n'est pas propriétaire, il ne peut être que détenteur précaire, usufruitier, et l'action en revendication pourra toujours être exercée contre lui (art. 2236.)

II. Ayant signalé l'intérêt de la question, il nous reste à donner les motifs de notre solution. L'article 1549, établissant les droits du mari sur les biens dotaux, nous dit : « Le mari seul a l'administration des biens dotaux »; mais si on écrit un article pour lui attribuer l'administration de ces biens, c'est qu'on ne lui en accorde pas la propriété. Les art. 1551 et 1552 nous présentent comme des exceptions des cas où le mari, par la force même des choses, devient propriétaire, il ne l'est donc pas en principe. L'art. 1552 ne peut être plus clair, « l'estimation des immeubles n'en transfère pas la propriété », à plus forte raison une constitution non accompagnée d'estimation. L'art. 1562 appelle le mari usufruitier et lui en impose les obligations, il ne peut donc en avoir que les droits. On objecte, il est vrai, qu'il a de plus que l'usufruitier les actions pétitoires qui sont l'attribut de la propriété. C'est là un vestige du droit romain, on a voulu conserver au régime dotal quelques-uns de ses caractères principaux. En droit Romain, le mari exerçait ces actions en son nom, dans notre droit il les exerce en vertu du mandat que la femme est censée lui avoir donné. Nous ajouterons que la loi lui accordant quelques-uns des droits du propriétaire, il en faudrait conclure qu'elle ne lui accorde pas les autres, alors même qu'elle ne nous dirait pas qu'il n'est qu'administrateur. Le tuteur est-il propriétaire des meubles du pupille parce qu'il peut intenter sans autorisation les actions mobilières de ce dernier?

III. Le mari n'est donc qu'administrateur de la dot, mais il a des pouvoirs plus étendus que sous les autres régimes ; ainsi il peut intenter les actions pétitoires. C'est un mandat tacite que lui donne la femme par sa soumission au régime dotal.

La femme autorisée de justice peut-elle exercer les actions pétitoires? La négative nous paraît certaine. Le droit du mari est exclusif de celui de la femme : « Le mari seul, nous dit l'art. 1549, a le droit... » On ne doit pas reculer devant cette décision, par la considération du danger que la négligence du mari pourrait faire courir à la femme ; d'abord parce que cette négligence n'est guère à craindre, le mari étant poussé par son intérêt personnel d'interpréter ; en second lieu, parce qu'il reste toujours à la femme la ressource de demander la séparation des biens.

L'art. 1549 ne parle que du mari demandeur, mais a-t-il également qualité pour défendre aux actions pétitoires dirigées contre l'immeuble dotal? Nous ne saurions partager l'opinion de quelques auteurs, sanctionnée par différents arrêts, qui restreignent la portée de l'art. 1549 au cas où le mari est demandeur, se fondant sur ce que l'action du tiers tend à diminuer la dot, tandis que celle du mari tend à l'augmenter, et qu'il ne faut pas que la dot puisse être diminuée sans le concours de la femme. (Dalloz 28, 2, 39). Nous ne comprenons pas cette subtile distinction; est-ce que le mari ne cherche pas à conserver la dot aussi bien quand il défend à une action qui tend à lui en enlever une partie, que lorsqu'il intente une action pour recouvrer une partie de cette dot? On ne peut pas non plus argumenter du silence du Code, car le droit de défendre se trouve compris dans le droit de poursuivre, et le second est certainement plus dangereux que le premier.

Comme conséquence du droit pour le mari d'exercer les actions pétitoires et d'y défendre, nous devons dire que les jugements intervenus sur ces actions sont opposables à la femme, quoiqu'elle n'ait pas été partie dans l'instance.

S'il en était autrement, les tiers ne manqueraient jamais de mettre la femme en cause et le droit accordé au mari par l'art. 1549 serait purement nominal, il ne ferait que compliquer la procédure et augmenter les frais.

Il est inutile de dire que nous mettons en dehors de notre solution le cas de collusion du mari avec la partie adverse. Il est évident que la femme pourrait alors se pourvoir contre le jugement.

IV. Notre principe n'est cependant pas toujours applicable. Le mari peut-il exercer seul l'action en partage? Nous ne le pensons pas.

Commençons d'abord par établir que l'art. 1549 ne s'occupe pas de cette question. L'art. 1549 ne parle que du droit pour le mari de poursuivre les débiteurs ou détenteurs de la dot. On ne saurait appliquer ces expressions à des cohéritiers qui peuvent très-bien ne pas détenir les choses à partager. Il peut même arriver que ces choses soient entre les mains du demandeur en partage, et ce sera cependant contre ces cohéritiers que sera dirigée l'action en partage.

En d'autres termes, l'art. 1549 ne parle que de l'action en revendication et non de l'action en partage qui a un caractère plutôt personnel que réel, car elle a pour objet de faire reconnaître dans les biens indivis, ceux qui appartiennent à la femme et qui, comme tels, doivent faire partie de sa dot, tandis que l'action en revendication a pour but de faire rentrer en possession d'un bien reconnu dotal.

En second lieu, et toujours pour prouver que l'art. 1549 ne prévoit pas le cas où il s'agit d'intenter l'action en partage, nous y ajouterons que cet article ne fait aucune distinction entre le mari demandeur et le mari défendeur à l'action en partage. Or, il serait étrange que l'art. 1549 qui, dans son premier alinéa, enlève au mari le titre de propriétaire que lui accordaient les lois romaines, vint, dans son second alinéa, lui reconnaître, comme administrateur, un droit que ces mêmes lois lui refusaient comme propriétaire, celui de provoquer un partage sans le concours de la femme.

L'art. 1549 ne s'occupe donc pas de l'action en partage. Il faut par conséquent chercher la solution de la question soit dans une autre disposition de la loi, soit dans l'esprit général du Code. Nous avons l'art. 818 qui, en termes généraux, dit que « le mari ne peut sans le concours de la femme provoquer le partage des biens qui ne tombent pas en communauté. » Pourquoi ne pas faire application de cet article au régime dotal? Serait-ce parce que ses termes paraissent supposer l'existence du régime de communauté entre les époux? Mais tout le monde convient qu'il s'applique au cas où les époux sont mariés sous le régime exclusif de communauté. On dit que cet article ne peut avoir visé le régime dotal parce que, à l'époque où il a été écrit, on ne savait pas encore si l'on ferait entrer dans le Code le régime dotal. On répond que les rédacteurs du Code savaient très-bien que, le Code ne fit-il pas mention du régime dotal, il n'en serait pas moins en grand usage dans certaines parties de la France, puisqu'on ne songeait nullement à le proscrire. Le silence du Code pouvait avoir tout au plus pour résultat d'empêcher l'inaliénabilité du fonds dotal. Il n'y a donc rien d'étonnant à ce que l'art. 818, édictant une disposition particulière aux partages, dut s'appliquer à tous les partages, sous quelque régime que les époux fussent mariés, que ces régimes fissent ou non l'objet des prévisions spéciales du Code. L'art. 1549 établit une règle générale sur les pouvoirs d'administration du mari, l'art. 818 une règle spéciale sur un point de cette administration, c'est l'art. 818 qui doit être obéi, sans que l'on doive rechercher à quelle époque il a été écrit, car aucune disposition du Code n'en abroge une autre, puisqu'elles sont toutes réunies par la loi du 30 ventôse an XII ; elles doivent au contraire s'interpréter les unes par les autres.

En résumé, en présence du silence de l'art. 1549, de la tradition romaine et surtout de l'art. 818, nous ne pensons point que l'on puisse, d'ailleurs sans utilité, faire violence à l'esprit général de la loi qui ne permet jamais à un administrateur de provoquer seul l'action en partage (art. 465). Si l'art. 1549 donne au mari le droit d'intenter les autres actions, tandis qu'il ne lui donne pas, selon nous, celui de provoquer un partage, « c'est que dans les autres actions l'intérêt du mari et celui de la femme s'identifient en général complètement, la dot ne pouvant s'accroître ou diminuer sans que le mari et la femme en profitent ou en souffrent en même temps. Dans les partages au contraire, l'intérêt de la femme peut souvent être opposé à celui du mari, celui-ci ayant intérêt à recevoir plus de valeurs mobilières dont il pourra disposer que de valeurs immobilières, tandis que la femme a un intérêt tout contraire. » (Rodière et Pont. T. II, p. 362).

Puisque nous refusons au mari le droit de provoquer seul un partage en justice, à plus forte raison devons-nous lui refuser celui de provoquer seul un partage amiable. Mais pourrait-il procéder à un partage amiable avec le concours de sa femme? Nous étudierons la question en traitant de l'inaliénabilité de la dot.

D'après l'art. 2208, l'expropriation des immeubles appartenant à la femme doit être dirigée contre la femme et le mari.

Dans les pouvoirs d'administration du mari rentre le droit de passer des baux, dans les limites déterminées par les art. 1429 et 1430, de poursuivre le recouvrement des créances dotales de la femme, d'en donner quittance, avec main-levée des hypothèques qui les garantissaient.

V. — Le mari ayant qualité pour poursuivre le recouvrement des créances dotales, il peut les opposer en compensation de ses propres dettes, quand lesdites créances sont exigibles, mais c'est là une compensation simplement facultative, opposable comme une exception à la demande de leur adversaire. Des auteurs et des arrêts vont plus loin, et admettent qu'elle s'opère légalement et de plein droit, suivant la règle de l'art. 1290. Cette opinion doit être repoussée, on ne pourrait l'adopter que si l'on reconnaissait au mari le domaine civil de la dot. Et en effet, pour qu'il y ait lieu à compensation légale, il faut entre autres conditions, que le créancier de l'une des obligations soit débiteur personnel de l'autre obligation, et que, réciproquement, le créancier de celle-ci soit le débiteur personnel de celle-là. Or, cette condition fait défaut dans l'espèce, puisque le mari n'est pas titulaire des créances dotales, mais en a seulement l'administration et la jouissance. La compensation légale n'est donc pas possible ici, pas plus qu'elle ne l'est lorsqu'une même personne se trouve débitrice d'un pupille, et créancière du tuteur de ce pupille. Le système contraire serait fort dangereux, car il deviendrait impossible pour le mari d'employer aux besoins de la famille toute créance dotale dont le débiteur se trouverait être en même temps créancier du mari. Mais il en est autrement des intérêts des créances dotales ; ils se compensent de plein droit, au fur et à mesure de leur échéance, avec les intérêts et même avec le capital dus par le mari, par la raison que celui-ci est personnellement créancier des intérêts produits par les sommes dotales (Sir. 55, 2. 207).

Les quittances sous seing privé données par le mari font foi de leur date contre la femme, car la femme n'est pas un tiers, puisque c'est elle-même qui est censée les avoir données par l'intermédiaire de son mari, son mandataire légal,

Nous verrons en traitant de l'importante question de l'inaliénabilité de la dot mobilière, jusqu'où

va le pouvoir d'administration du mari relativement à cette dot.

VI. Le mari est non-seulement un administrateur
des biens dotaux, mais il a encore des droits ana-
logues à ceux d'un usufruitier; il en a également
toutes les obligations. Ce droit de jouissance du mari
lui est accordé moins dans son intérêt personnel,
qu'en sa qualité de chef de l'association conjugale et
pour supporter les charges du mariage. Son droit
ressemble beaucoup à l'usufruit que la loi accorde
au père, et, à son défaut, à la mère, sur les biens
des enfants mineurs. Quoique ce droit soit régi, en
principe, par les dispositions applicables à tout usufruit, des différences considérables l'en distinguent.
Outre qu'il n'est pas en lui-même succeptible de
saisie, il est soumis, quant à la manière dont il
s'exerce, à certaines règles qui lui sont propres, et
qui s'expliquent par la cause à laquelle il se rattache.
Nous reviendrons plus loin sur ces différences.
Contentons nous de dire pour le moment que, par
exception aux règles relatives à l'usufruit ordinaire,
le mari est, à moins de stipulation contraire dans
le contrat de mariage, dispensé de fournir cautions
pour la restitution de la dot art. 1559.

VII. Le contrat de mariage peut apporter des
modifications au droit du mari. Il peut être convenu
que la femme touchera annuellement, sur ces seules
quittances, une partie de ses revenus pour son entretien et ses besoins personnels. Les débiteurs à
qui le contrat de mariage aura été signifié devront

payer à la femme ce qui lui reviendra. Si la femme fait des économies sur les sommes par elle touchées, nous pensons que ces économies devront revenir au mari. En effet, la dépense que fait la femme est une charge du mariage; « pour son entretien et ses besoins personnels », dit la loi, ce qui montre que la femme a voulu avoir un peu plus de liberté dans ses dépenses et s'éviter de demander de l'argent à son mari, mais qu'elle n'a pas eu l'intention de rendre ces sommes paraphernales. L'excédant doit donc revenir au mari.

Cas où le mari devient propriétaire de la dot. Le mari devient quelquefois propriétaire de tout ou partie de la dot.

I. Le mari devient propriétaire lorsqu'il reçoit en dot des choses dont on ne peut user sans les consommer, ou qui, par leur nature, sont destinées à être vendues. La dot serait sans utilité dans ce cas, si le mari n'en devenait pas propriétaire. Si ces choses ont été estimées, le mari, lors de la dissolution du mariage, devra rendre le montant de l'estimation; si elle n'ont point été estimées, il rendra des choses de même qualité et en même quantité.

Un fonds de commerce appoté en dot sans estimation, est-il une de ces choses dont la propriété passe de plein droit au mari? Si l'on considère le fond en lui-même et abstraction faite des marchandises qui en dépendent, il faut répondre négativement. C'est bien un meuble, il est vrai; mais ce n'est point une chose qui se consomme par l'usage qu'on en fait ; au contraire, cet usage a pour effet de l'entretenir et de le faire valoir. Nous appliquerons donc la règle de l'art. 1551 que nous allons étudier. Quant aux marchandises, estimées ou non, ce sont des choses de consommation, puisque le mari ne peut s'en servir qu'en en disposant. Il en deviendra donc propriétaire, mais il n'aura sur le fond non estimé qu'un simple droit de jouissance.

II. Le mari devient aussi propriétaire, sauf convention contraire, des objets mobiliers qui ne se consomment pas par l'usage, s'ils ont été estimés. Art. 1451. Ce qui est dotal alors ce n'est plus l'objet estimé, c'est le montant de l'estimation. Lorsqu'il s'agit d'objets mobiliers, la présomption est donc que l'estimation fait vente. Nous ferons remarquer que l'indication du chiffre de la créance, s'il s'agit de titres de créance, de rente, etc... ne constitue pas une estimation, car il arrive bien souvent que la valeur réelle est inférieure ou supérieure à la valeur nominale. La translation de propriété ne se présumera donc que lorsqu'on aura porté la valeur à un taux différent du capital nominal. En dehors de ce cas, la simple indication du capital doit être considérée comme ayant eu pour but de mieux préciser la créance dont il s'agit, et non comme une véritable estimation translative.

L'estimation ne peut être faite postérieurement au mariage, non seulement a raison des termes de l'art. 1551, mais encore parce que le contrat de vente est, en principe, interdit entre époux, et surtout parce que les conventions matrimoniales ne peuvent recevoir aucun changement après la célébration. Il en était autrement sous l'ancienne jurisprudence : on admetiait que l'estimation du trousseau de la femme faite durant le mariage, était valable. (Merlin, rép. v°, Trousseau, n° 3). On admettait aussi que les époux pouvaient stipuler que l'estimation portée au contrat serait considérée comme non avenue. (Tessier, Tr. de la dot, II, p. 223). Une telle stipulation n'aurait aujourd'hui aucun effet.

III. Le mari devient enfin propriétaire des immeubles estimés lorsqu'il est dit expressément que cette estimation vaut vente. Le droit romain ne faisait pas de distinction à ce sujet entre les meubles et les immeubles. La règle était générale ; *dos estimata, dos vendita.* Le droit coutumier laissait toujours à la femme la propriété de la chose estimée, mobilière ou immobilière. Les pays de droit écrit admettaient, en principe, même pour les immeubles, la règle romaine, mais avec des restrictions diverses : ainsi quand le mari était insolvable, la femme avait action pour répéter le fond estimé.

IV. Le mari devenu propriétaire est considéré comme un acheteur ; il est censé avoir payé le prix et l'avoir ensuite reçu à titre de dot. De ce que le mari est un acheteur, il s'ensuit que les règles de la vente lui sont applicables. « Ainsi le vendeur, que ce soit la femme ou que ce soit un tiers, se trouve débiteur de la plus-value que le bien avait acquise au jour de l'éviction, art. 1633 » ; c'est là une règle générale de la matière de la vente, sur laquelle rien ne nous autorise à faire des distinctions, alors même qu'il paraîtrait rigoureux de l'appliquer à la femme qui a constitué la dot avec estimation valant vente.

Mais cette règle étant appliquée, apparaît une autre difficulté. Le mari, lorsqu'il restituera la dot, devra-t-il rendre seulement l'estimation dont il était devenu débiteur dans le principe, et sera-t-il obligé à restituer la somme qu'il a reçue en sus du prix, par application de l'art. 1633 ? On peut trouver étrange qu'il conserve cette somme, puisqu'elle constitue un bénéfice qu'il fait à l'occasion de la dot. Mais en regardant de près l'espèce, on arrive à penser qu'il doit en être ainsi. D'abord, si la chose avait augmenté de valeur et s'il n'y avait pas eu éviction, il n'est pas douteux que le mari eût profité de la plus-value, puisqu'il aurait rendu seulement le prix d'estimation. Pourquoi l'éviction modifierait-elle sa situation ? Secondement, le bénéfice qui reste au mari ne provient pas de la dot, mais de la vente ; il lui advient non comme mari, mais comme acheteur, et dès lors il est très légitime. La femme n'est pas plus mal traitée que si le bien avait été vendu à un étranger et que le prix seul eut été versé entre les mains du mari à titre de dot. » (M. Colmet de Santerre, T. 6, p. 465).

Nous n'appliquerons pas cependant toutes les règles de la vente, par exemple, celles qui sont relatives à la rescision pour cause de lésion. Les raisons qui ont fait admettre la rescision pour cause de lésion n'existent pas ici. La loi, dans les art. 1674 et suivants, a voulu protéger celui qui, dans un pressant besoin d'argent, a vendu à vil prix, mais ce n'est pas pour ce motif que la femme a donné une faible valeur à son immeuble, puisqu'elle n'en touchera le prix qu'à la dissolution du mariage. N'est-il pas plus naturel de supposer qu'elle a voulu faire une libéralité à son futur époux ? Le fisc seul pourra trouver à reprendre à cette faible estimation. Nous supposons d'ailleurs que la femme n'a point d'héritiers réservataires, ou que cette libéralité ne porte pas atteinte à leur réserve.

DE L'INALIÉNABILITÉ DU FONDS DOTAL

Nous savons comment Justinien, étendant les prohibitions de la loi Julia, défendit au mari d'aliéner le fonds dotal, même avec le consentement de la femme. Le système de Justinien finit par pénétrer dans les provinces romaines de la Gaule qui étaient auparavant régies par le Code Théodosien. Le principe de l'inaliénabilité du fonds dotal ne se généralisa dans ces provinces qu'assez tard, car on trouve dans le *Petri exceptiones, lib.* 1, *cap*, 34, *De alienatione dotis :* « Sin autem sit immobilis inæs-

» timata (dos) non potest eam alienare maritus sine
» consensu uxoris. » Or, on est généralement d'accord que le *Petri exceptiones* fut composé vers le
X⁰ siècle. Quelques provinces même abandonnèrent
plus tard le principe d'inaliénabilité du fonds dotal :
ainsi, un édit du mois d'avril 1664 déclare que la
loi Julia n'aura plus aucune autorité dans les provinces du Lyonnais, Forez, Beaujolais et Mâcon-
nais ; les femmes pouvaient donc obliger leurs biens
dotaux. En Auvergne, le bien dotal pouvait être
aliéné à certaines conditions (*Cout. d'Auvergne,*
chap. 14, *art.* 4). En Normandie, l'article 540 de la
coutume porte : « Et où la femme ne pourrait avoir
sa récompense sur les biens de son mari, elle peut
subsidiairement s'adresser contre les détenteurs
dudit dot, lesquels ont option de lui laisser, ou lui
payer le juste prix à l'estimation de ce qu'il pourrait valoir lors du décès de son mari. »

I. Arrivons maintenant au Code. L'article 1554
porte : « Les immeubles constitués en dot ne peuvent être aliénés ou hypothéqués pendant le mariage
ni par le mari, ni par la femme, ni par les deux
conjointement, sauf les exceptions qui suivent. »
Voilà le caractère principal du régime dotal : ina-
iénabilité de la dot. Nous avons déjà fait remarquer que l'inaliénabilité n'était pas de l'essence du régime dotal. Sous le Code, l'inaliénabilité n'a plus pour but, comme à Rome, de favori-
ser les seconds mariages. Elle n'a été admise dans
notre loi que pour donner satisfaction aux réclama-

tions des départements du Midi et de la Normandie, et par un motif de pure humanité, afin d'assurer l'avenir de la femme et celui des enfants à naître du mariage, en protégeant la première contre les obsessions de son mari. De là, nous pouvons conclure avec Tessier, I, p. 290, que l'inaliénabilité ne commence qu'au jour de la célébration du mariage.

II. Si dans l'intervalle qui sépare le contrat de la célébration du mariage, la femme avait disposé des immeubles constitués en dot, l'acte d'aliénation consenti par elle serait valable, de sorte que l'acquéreur serait devenu propriétaire incommutable. La femme devrait respecter cette aliénation alors même que l'aquéreur n'aurait pas opéré la transcription de son titre avant la célébration du mariage, cette formalité n'étant d'aucun effet entre les parties. Pour ce qui est du mari, s'il veut se mettre en mesure d'opposer à l'acquéreur son droit d'usufruit sur les biens dotaux, il doit se hâter de faire transcrire le contrat de mariage. Cette précaution une fois prise, les aliénations consenties par la femme et transcrites postérieurement à la transcription opérée par le mari, ne seraient plus opposables à celui-ci que pour la nue-propriété. La femme qui aurait aliéné, en fraude de son mari, les biens constitués en dot serait tenue de lui payer une indemnité en raison de la privation de jouissance résultant pour lui du fait de sa femme; mais il faut pour cela que le mari soit privé de l'usufruit de l'immeuble aliéné; si l'aliénation ne lui était opposable que pour la nue-propriété, il n'aurait aucun recours à exercer contre sa femme.

III. L'inaliénabilité dure jusqu'à la dissolution du mariage, alors même qu'il est intervenu une séparation de biens (art. 1554). S'il en était autrement, comme la femme, même séparée, pourrait aliéner avec l'autorisation de son mari ou de justice, elle retomberait précisément dans les dangers qu'elle a voulu éviter en se mariant sous le régime dotal. La séparation de biens, au lieu de lui assurer la conservation de sa dot, pourrait devenir désastreuse pour elle.

La femme marchande publique qui s'est soumise au régime dotal, nous dit l'art. 7 du Code de commerce, ne peut aliéner ou hypothéquer ses biens que dans les cas déterminés et avec les formes réglées par le Code civil.

IV. Examinons rapidement à quels actes s'applique la prohibition de l'art. 1554. L'aliénation partielle est naturellement aussi bien défendue que l'aniénation totale. La femme ne peut donc pas constituer des servitudes. Toutefois la défense d'aliéner ne s'applique qu'aux aliénations volontaires, et non point aux aliénations nécessaires qui résultent de la nature même des choses ou que l'ordre public impose. On n'ira donc jamais jusqu'à prétendre, par exemple, qu'une femme dotale ne peut céder à son voisin la mitoyenneté d'un mur de séparation, ou le passage sur le fonds dotal en cas d'enclave. Nous devons dire cependant que la femme ne pourrait valablement consentir à cette dernière servitude, si sa propriété n'offrait pas le chemin le plus court du fonds enclavé à la voie publique (art. 683).

Quant aux expropriations pour cause d'utilité publique (art. 13 et 25 de la loi du 3 mai 1841), elles résultent non point de la nature matérielle des choses, mais d'une nécessité morale tout aussi impérieuse.

L'immeuble dotal peut aussi être saisi par le fisc pour se payer de la contribution foncière : le titre de l'Etat peut, dans ce cas, être considéré comme antérieur au mariage (Sir. 63, 2, 140).

La femme ne peut ni transiger, ni compromettre, car pour ces deux actes il faut la capacité de disposer du bien objet du litige (art. 2045, C. c. 1003 C. Pr.).

Le fonds dotal ne peut être hypothéqué ni donné en antichrèse.

Le principe de l'inaliénabilité du fonds dotal ne s'oppose pas à ce que la femme dispose de ses immeubles par testament. D'un côté, en effet le testament ne doit produire son effet qu'à la mort de la femme, c'est-à-dire à une époque où il n'y a plus mariage et par suite inaliénabilité, et jusqu'à ce moment le testament n'est pour ainsi dire qu'un projet qu'elle peut modifier à volonté ; d'un autre côté, les motifs qui ont fait adopter l'inaliénabilité, c'est-à-dire la crainte que la femme se laisse trop facilement entraîner par un mari dissipateur, ne subsistent plus ici.

Nous dirons également que la femme peut par un testament faire un partage d'ascendant. Que si elle voulait faire un partage d'ascendant entre-vifs, nous déciderions avec la cour de cassation qu'elle doit se conformer aux dispositions des art. 1555 et 1556. Dans un arrêt rapporté par Sirey, 64,1 174, nous voyons, en effet, la cour confirmer un jugement en dernier ressort du tribunal de Nontron, qui avait autorisé l'acquéreur d'un bien dotal, attribué par partage d'ascendant entre-vifs à un enfant déjà pourvu d'un établissement par son contrat de mariage, à suspendre le paiement du prix, par cette raison qu'il pouvait craindre d'être évincé par la femme dotale. La loi défend, en effet, l'aliénation du fonds dotal, aussi bien au profit des enfants qu'au profit des étrangers, puisqu'elle nous dit dans quels cas et à quelles conditions l'aliénation au profit des enfants peut être permise.

Les dispositions des art. 1555 et 1556 s'appliquent aussi au cas où la femme veut disposer de ses immeubles dotaux au profit de ses enfants au moyen d'une institution contractuelle. Nous croyons avoir à peine besoin de dire que la femme ne pourrait faire une institution contractuelle au profit d'une autre personne. En vain nous opposerait-on que par l'institution contractuelle, la femme conserve son droit de propriété, qu'elle peut disposer de ses biens à titre onéreux dans les cas prévus par l'art.

1558 ; nous répondrions avec la cour d'Agen (Dalloz, 56, 2, 96) que, par suite de l'institution contrac- tuelle, la femme a perdu le droit de disposer à titre gratuit, de telle sorte qu'elle se trouve dans l'im- possibilité de doter ses enfants ; que d'un autre cô- té elle ne peut plus disposer de la quotité disponi- ble au profit de ses enfants, réduits uniquement à la réserve, résultat contraire à l'intention des parties qui, en adoptant le régime dotal, ont voulu assurer à la femme et plus tard à ses enfants la propriété des biens dotaux. D'ailleurs, la femme mariée sous le ré- gime dotal ne peut renoncer irrévocablement à au- cun de ses droits sur les biens dotaux ; or, par l'ins- titution contractuelle, elle renonce irrévocablement au droit d'en disposer à titre gratuit.

La donation entre époux étant révocable à vo- lonté, la femme peut donner ses biens dotaux à son mari. Dans le cas où par suite d'insanité d'esprit la femme se trouverait dans l'impossibilité d'user de son droit de révocation, peut-être faudrait-il per- mettre au mari qui, après avoir aliéné les biens à lui donnés, serait incapable de subvenir aux charges du ménage, d'exiger de l'acquéreur la remise des fruits jusqu'à concurrence des besoins du ménage. C'est la solution que donnent MM. Aubry et Rau, V. p. 559, solution équitable et qui est conforme à l'inten- tion de la femme, car il est évident qu'en faisant cette donation à son mari, elle avait l'intention de la ré- voquer, s'il devenait insolvable, afin de pourvoir, au moins avec les revenus, aux besoins de la famille.

DOT MOBILIÈRE

Nous arrivons à un des points les plus controver-
sés du régime dotal. Il en est aussi un des plus
importants. La dot mobilière est-elle aliénable ou
inaliénable? Tout a été dit sur cette grande question. La jurisprudence paraît défininitivement fixée,
et on ne peut guère espérer d'apporter à la discussion des arguments nouveaux. Nous exposerons
donc rapidement les trois systèmes qui divisent la
doctrine et la jurisprudence; nous dirons quel est
celui auquel nous croyons devoir nous rallier et les
motifs de notre préférence. Mais il faut l'avouer,
nous n'avons pu arriver à nous former une convic-
tion inébranlable, et si nous avons opté pour le
système de l'aliénabilité, ce n'est pas que les raisons que nous donnons à l'appui de cette opinion,
nous ait paru irréfutables, mais plutôt parce que les
systèmes de nos adversaires sont encore plus difficiles à défendre. Nous avons dû choisir, mais notre
esprit n'est point satisfait.

I. La dot mobilière est absolument inaliénable.
Les objets qui la composent ne peuvent être aliénés
ni par le mari, ni par la femme, ni par les deux
conjointement. En d'autres termes, la dot mobi-

lière est, au point de vue l'inaliénabilité, assimilée à la dot immobilière. Tel est le premier système.

On réserve bien entendu le cas d'application de l'art. 2279. Mais lorsqu'un meuble a été vendu et que cette vente n'a pas été suivie de livraison, on décide qu'elle doit être annulée. On frappe également de nullité la cession d'un de ces meubles auxquels l'art. 2279 ne s'applique pas, tels qu'une créance nominative, une rente sur l'Etat

La dot mobilière est encore inaliénable, en ce sens que la femme ne peut faire aucun acte ayant pour effet de compromettre son action en reprise,

Tout en reconnaissant qu'à Rome la dot mobilière n'était pas inaliénable, on s'appuie, dans ce système, sur ce que les institutions complémentaires qui mettaient cette dot hors de péril, ne sont autre chose que l'équivalent de l'inaliénabilité. La jurisprudence des anciens Parlements est encore plus favorable : la femme n'avait nulle part la faculté de compromettre et le mari n'avait le pouvoir d'aliéner cette dot que dans les limites de son droit d'administration. On invoque Despeisses, avocat à Montpellier, qui dit que la femme peut faire annuler la vente des meubles non estimés, qui ne consistent pas en poids, nombre on mesure. « Parce qu'en ce cas il y a même raison que de l'immeuble constitué. » (T. II, de la dot, sect. 2, n° 29.) Le Parlement de Bordeaux admettait aussi l'inaliénabilité dans ce sens absolu. Il en était de même en Auvergne. (C. d'Auvergne, art. 3, ch. 14.)

Si l'on étudie ensuite les travaux préparatoires du Code, on voit que le législateur n'a voulu que sanctionner la jurisprudence établie.

Si nous passons à l'examen des textes, les objections se pressent contre ce système et les explications ne sont pas toujours heureuses. Quand on oppose à ses partisans la rubrique de la section deuxième, le mot *fonds*, répondent-ils, n'a pas dans notre langage juridique la signification restreinte du mot latin, *fundus*. Il s'applique aussi bien à un capital mobilier qu'à un immeuble. Ne dit-on pas le *fonds commun* d'une société?

L'art. 1554 proclame l'inaliénabilité de l'immeuble dotal, mais aucun texte ne prononçant une décision semblable en ce qui concerne la dot mobilière, Celle-ci doit rester sous l'empire du droit commun, c'est-à-dire aliénable. On réfute de deux manières cette objection. Le régime dotal n'est pas une exception à telle ou telle règle du Code ; il est à lui seul un tout qui a lui-même ses règles et ses exceptions bien caractérisées, et surtout bien différentes de celles du droit commun. Or, sous le régime dotal, la règle, c'est l'inaliénabilité ; l'exception, c'est l'aliénabilité.

Et maintenant, même en ne tenant aucun compte du raisonnement qui précède, même en se plaçant sur le terrain des adversaires de l'inaliénabilité, il est possible de se défendre avec avantage. L'argument *a contrario* tiré de l'art. 1554 n'a de valeur que s'il correspond à l'esprit de la loi, a la pensée du

législateur. Or, l'esprit de la loi est de protéger
contre la mauvaise administration du mari, le patrimoine maternel tout entier ; la pensée du législateur a été de conserver aux provinces du Midi le
régime dotal tel qu'elles le pratiquaient. De plus,
les art. 1555 et 1556, permettant par exception, l'a-
liénation pour l'établissement des enfants, se servent
des mots *biens dotaux*. Donc, si l'exception ainsi
formulée comprend tous les biens dotaux, la règle
comprend également tous les biens dotaux.

Nous ne pensons pas que l'on doive attacher
grande importance à cet argument qui explique la
règle par l'exception. D'ailleurs, les articles suivants,
permettent aussi dans certains cas de déroger à
la règle de l'inaliénabilité, ne parlent que des immeubles; faudrait-il donc décider avec le tribunal
de la Seine que les meubles ne sont jamais aliénable, même dans les cas où la loi autorise l'aliénation des immeubles? (Sirey, 50, 1, 99).

L'art. 83 du Code de Procédure exige la commu-
nication au ministère public des procès intéressant
la femme dotale, c'est dit-on que le législateur a
voulu garantir, de la façon qu'il a jugée le plus
efficace, l'inaliénabilité de la dot quelle qu'elle soit,
car cet article est général et ne distingue pas suivant qu'il s'agit de la dot mobilière ou de la dot
immobilière. Cela est vrai, mais il ne distingue pas
non plus suivant que la dot a été stipulée aliénable, ou que les époux se sont simplement soumis
à l'art. 1554.

Quelques auteurs tempèrent la rigueur de ce système. M. Pont, par exemple, admet que l'aliénation par le mari d'un meuble dotal et la cession d'une créance dotale seront parfaitement valables, toutes les fois qu'elles constitueront des actes de bonne administration. Il maintient même l'aliénation, alors qu'il est impossible de la considérer comme un acte d'administration, toutes les fois qu'elle ne cause aucun préjudice à la femme (Pont, *Revue crit.*, année 1853, p. 685).

II. Passons maintenant à l'examen du système de la jurisprudence. Nous en trouvons la formule dans l'arrêt de la Cour de cassation du 12 août 1846, qui s'exprime plus clairement que celui de 1819. « Attendu qu'aux termes de l'art. 1549 du Code civil, le mari a l'administration des biens dotaux et le droit de recevoir le remboursement des capitaux. lorsqu'aucune condition d'emploi n'a été stipulée ; attendu que, si d'après les dispositions du Code civil sur le régime dotal, la dot mobilière est inaliénable, il s'ensuit seulement que la femme, même autorisée par son mari, ne peut aliéner ni directement ni indirectement les droits qui lui sont assurés par la loi pour la conservation de sa dot : que ces droits, quant à la dot mobilière, lorsque le mari a usé de la faculté d'en disposer, consistant dans un recours contre le mari, recours garanti par l'hypothèque légale, et auquel la femme pendant le mariage ne peut renoncer ; que cette créance dotale contre le mari ne peut être aliénée ni par la femme, ni par le mari, ni par tous les deux conjointement, mais que le mari qui reçoit le remboursement d'un capital constitué en dot, qui en fait un emploi plus ou moins utile pour lui et sa femme, et qui fait cession à un tiers d'une créance dotale, ne fait qu'user du droit de libre disposition qui lui appartient à cet égard, puisque la propriété de la femme est convertie en une créance contre le mari, lequel est personnellement et hypothécairement obligé à la restitution après la séparation de biens ou la dissolution du mariage. » La Cour de cassation invoque à l'appui de son système le droit romain et la jurisprudence des Parlements de Toulouse qui autorisait le mari à céder les créances de la femme et les créanciers du mari à saisir ces mêmes créances. Elle croit trouver enfin dans l'art. 1549, qui autorise le mari à poursuivre les débiteurs des créances dotales et à en toucher le montant, le droit pour celui-ci d'en faire cession. Et, ajoute-t-on, puisque le mari peut disposer en maître des meubles incorporels, pourquoi en serait-il autrement des meubles corporels?

Reprenons ces différents arguments. D'abord il était tout naturel qu'en droit romain le mari eût l'entière disposition des meubles dotaux, puisqu'il en était propriétaire et que la loi Julia ne s'appliquait qu'aux immeubles. Quant à notre ancien droit, la jurisprudence variait avec les Parlements et dans le Parlement même de Toulouse, nous avons vu Despeisses refuser au mari le droit d'aliéner les meubles dotaux. On le lui refusait également à Bordeaux, en Auvergne. Les Parlements d'Aix (Julien, *Eléments de jur.*, L. 1, t. 4, n° 28) et de Grenoble le lui accordaient.

Nous ne pouvons admettre, si nous examinons maintenant les arguments tirés du Code, que l'article 1549 donne au mari un autre droit que le droit d'administration ; or, ce droit ne comprend pas celui de disposer (1988). Conclure du droit de poursuivre les débiteurs et de toucher le montant des créances à celui de disposer de ces créances, c'est faire une étrange confusion. Toucher les fonds d'une créance dont l'échéance est arrivée, c'est faire un acte d'administration, mais céder une créance, c'est faire un acte de disposition qui ne peut être autorisé par l'art. 1549, quelque extension que l'on donne aux pouvoirs d'administration du mari.

D'après la jurisprudence, non-seulement la femme ne peut aliéner sa dot mobilière, puisque le mari seul en a le droit, mais de plus elle ne peut renoncer d'aucune manière à sa créance en restitution. La Cour ne peut se fonder sur le droit romain, car à Rome la femme pouvait renoncer à son hypothèque légale et l'exécution des obligations par elle consenties durant le mariage pouvait être poursuivie après la dissolution du mariage, même sur ses immeubles dotaux. La Cour de cassation invoque la jurisprudence des pays de droit écrit. Mais cette jurisprudence était elle aussi générale et aussi constante qu'on le dit? Il est permis d'en douter, car nous voyons Domat nous dire formellement que la dot mobilière n'était inaliénable que dans certains ressorts (t. X, sect. 1, art. 30). En admettant même que telle fut la jurisprudence des Parlements, il n'en résulterait pas nécessairement que le Code l'eût consacrée, d'autant mieux que ses rédacteurs ont eu beaucoup de peine à admettre même l'inaliénabilité de la dot immobilière, le régime dotal ayant été d'abord repoussé, puis concédé aux réclamations du Midi.

III. Le troisième système, que nous croyons devoir adopter, se prononce pour l'aliénabilité de la dot mobilière. Nous reconnaissons bien que dans notre ancien droit la femme n'était point admise en général, à renoncer à son hypothèque légale contre son mari; mais ce n'est point là une conséquence de l'inaliénabilité, c'est, croyons-nous, une extension erronée, une application fausse du sénatusconsulte Velléien, car ce sénatusconsulte ne faisait que défendre à la femme de s'obliger pour autrui. Or, en renonçant à son hypothèque légale, la femme ne s'oblige pas pour autrui, elle ne fait qu'aliéner un droit. D'ailleurs, la constitution d'Anastase avait pris soin d'autoriser expressément la renonciation par la femme à son hypothèque légale. Quoiqu'il en soit, on admit de bonne heure que la femme pouvait par une renonciation expresse, se désister du bénéfice du sénatusconsulte Velléien. La clause devint de style, et Henri IV, par son édit du mois d'août 1606, abrogea le sénatusconsulte et ordonna que les femmes pourraient s'obliger valablement et cautionner sans qu'une renonciation expresse fut nécessaire. Le même édit défend aux notaires d'insérer dans leurs actes les renonciations qui pourraient être faites. Le Velléien disparut peu à peu; le Code ne peut avoir voulu en maintenir les conséquences. L'art. 9 de la loi du 23 mars 1355 paraît cependant favorable au système de la jurisprudence, car, au premier abord, il semble bien vouloir dire que dans certains cas la femme ne peut renoncer à son hypothèque légale. Mais ce n'est pas une raison suffisante pour décider que la femme ne peut renoncer à l'hypothèque légale garantissant la restitution de sa dot mobilière. Il suffit de se reporter aux travaux préparatoires de la loi de 1855, il en ressort clairement que le législateur connaissait la controverse qui divisait la doctrine et la jurisprudence et que par la rédaction à laquelle il s'est arrêté, il a voulu laisser la question entière, sauf à la résoudre plus tard, ce qui n'a pas encore été fait. Il n'est d'ailleurs pas impossible de trouver un cas au moins où la femme ne peut pas renoncer à son hypothèque légale, il n'y a qu'à songer à l'hypothèque légale qui garantit la femme contre les détériorations de l'immeuble dotal, provenant du fait ou de la négligence de son mari. .

Le droit commun des propriétaires est la faculté de disposer de leurs biens; les exceptions à cette règle doivent être renfermées dans les termes qui les établissent. La véritable raison qui a engagé la jurisprudence à déclarer la dot mobilière inaliénable, c'est que de notre temps la fortune mobilière a acquis une importance considérable. Le législateur ne s'en était pas occupé, il fallait la protéger; on a donc déclaré cette dot inaliénable, mais alors est apparu un autre danger. N'est-il pas souvent sage et même nécessaire de vendre des valeurs mobilières menacées d'une prompte dépréciation? Si ces valeurs sont absolument inaliénables, la dot de la femme est compromise, la femme n'a plus entre les mains que des titres inutiles. Pour éviter ce danger, il a fallu donner au mari le pouvoir que l'on refusait à la femme, et la dot, dans la pensée de la jurisprudence, est toujours protégée, car la femme ne peut perdre l'hypothèque qu'elle a sur les biens de son mari. Mais si le mari n'a pas de biens que cette hypothèque puisse frapper? La femme est ruinée, peut-être sans le savoir. Ne vaut-il pas mieux, ainsi que nous le faisons, lui accorder le bénéfice du droit commun? Son mari n'est qu'un administrateur, il n'a que des droits d'administration. Quant à des actes de disposition, sa femme seule peut les faire, autorisée par lui. La fortune de la femme n'est pas livrée sans contrôle au caprice d'un mari peut-être insolvable. La femme, dit-on, demandera dans ce cas la séparation de biens. Mais qui ne sait que le plus souvent la séparation de biens n'est demandée que lorsque la fortune est déjà bien diminuée et la situation irréparable. Et, disons-le aussi, c'est encore là un moyen excellent en théorie, mais en pratique que de femmes hésitent à l'employer, car s'il conserve dans la maison quelques débris de la fortune, il chasse en même temps la bonne harmonie du foyer!

IV. Avec le système de l'aliénabilité on ne trouve pas de difficultés quand la séparation de biens est intervenue. La femme, après comme avant, peut aliéner avec l'autorisation de son mari ; elle a de plus les droits d'administration qu'avait ce dernier. La jurisprudence, au contraire, refuse à la femme séparée de biens le droit qu'elle accorde au mari avant la séparation. Ainsi la femme ne peut faire, relativement à sa dot mobilière, que des actes de pure administration. C'est là une conséquence peut-être logique du système de la jurisprudence, mais qui est certainement dangereuse pour la femme. Les inconvénients que la Cour de cassation avait évités, en donnant au droit d'administration du mari une extension exorbitante, reparaissent ici avec la même gravité.

DES CONSÉQUENCES DE L'ANALIÉNABILITÉ, AU POINT
DE VUE DES DETTES DES ÉPOUX

Dettes du mari. — *I.* Les créanciers du mari ne peuvent pas évidemment saisir les immeubles dotaux, puisqu'ils appartiennent à la femme. Mais quel est leur droit sur les revenus de ces biens, revenus qui appartiennent au mari ? Nous devons faire une distinction entre le droit de jouissance et les revenus de ce droit de jouissance. Les créanciers du mari ne peuvent saisir son droit de jouissance, car c'est un droit immobilier, protégé, par conséquent, par l'art. 1554. « Qu'on ne dise pas que l'usufruit des biens dotaux n'est pas la dot, puisqu'il appartient au mari et que la dot appartient à la femme. La dot, d'après l'art. 1540, c'est ce que la femme apporte au mari pour supporter les charges du mariage. C'est donc avant tout la jouissance des biens sur lesquels on établit le droit du mari. Nous reconnaissons bien que dans notre droit la propriété des corps certains dotaux reste à la femme, mais ce n'est pas une raison pour dire qu'il n'y a de dotal que ce qui appartient à la femme. On se mettrait en contradiction avec la tradition puisque dans l'origine la dot tout entière était au mari. » (M. Colmet de Santerre, p. 477). Mais rien n'empêche les créanciers du mari de saisir les revenus de cet usufruit. Cependant si la femme demande la séparation de biens avant la perception de la récolte, les fruits, par l'effet rétroactif de la séparation de biens appartiendront à la femme du jour de la demande en séparation. Les créanciers du mari auront droit aux fruits jusqu'au jour de la demande, car sous le régime dotal, les fruits s'acquièrent jour par jour. Mais, s'il n'y a pas eu demande en séparation, une fois que les fruits ont été perçus par le mari, il en est devenu propriétaire, il peut en disposer et ses créanciers peuvent les saisir, absolument comme les fruits provenant de biens lui appartenant. Ce que nous disons des fruits naturels s'applique également aux fruits civils.

II. La jurisprudence et quelques auteurs font sur le point qui nous occupe, une distinction que nous ne pouvons admettre. Les créanciers du mari, dit-on, ne peuvent saisir que la part des revenus excédant les besoins du ménage, parce que la dot est grevée de cette charge. Il suffit de faire remarquer qu'il en est de même sous tous les autres régimes. On dit encore que permettre aux créanciers du mari de saisir la totalité des fruits dotaux, c'est porter atteinte à l'inaliénabilité de l'immeuble dotal. Si la totalité des revenus peut, en effet, être saisie, s'il n'est pas permis d'en réserver une partie pour les besoins du ménage, les époux seront contraints de demander au tribunal l'autorisation de vendre l'immeuble lui-même (1558, 3°). Nous répondrons que dans ce cas, les tribunaux n'accorderont pas l'autorisation d'aliéner, puisqu'il reste à la femme un moyen beaucoup moins dangereux de fournir des aliments à la famille, c'est de demander la séparation de biens.

Dettes de la femme. — *I*. La loi Julia avait eu pour but à Rome de pousser aux seconds mariages. Le moyen avait été inefficace et de plus le christianisme réprouva bientôt les secondes noces. Néanmoins l'inaliénabilité dotale se maintint, grâce à l'appui du senatusconsulte Velleien ; mais elle prit un nouveau caractère : elle tendit à protéger la femme contre sa propre faiblesse. C'est avec ce caractère qu'elle pénétra dans nos pays de droit écrit. C'est ce caractère qu'elle a gardé dans le code. Le trait distinctif du régime dotal n'est pas dans une destination particulière de la dot ; sous ce régime, comme sous tous les autres, celle-ci a pour objet de subvenir aux charges du mariage ; il est dans la séparation complète des intérêts des époux et la conservation du patrimoine de la femme hors de toute atteinte. Pour arriver à ce but la loi permet à la femme de se créer, par son contrat, une situation telle, qu'elle soit, en dépit de la puissance maritale et de sa propre faiblesse, à l'abri de tout entraînement. En abdiquant le droit d'aliéner sa dot, la femme se condamne d'avance à une impuissance et à une inaction forcées. En un mot, la soumission au régime dotal n'est autre chose qu'une incapacité contractuelle, à laquelle la femme se soumet relativement à ses immeubles dotaux.

II. Cette doctrine est loin d'être admise par tous les auteurs. Beaucoup se refusent à voir là une véritable incapacité. D'après eux, l'inaliénabilité de la dot n'influe en rien sur la capacité de la femme ; il n'y a là qu'une indisponibilité des biens dotaux. Le point de départ des deux doctrines est essentiellement différent : dans la première, il faudra, pour apprécier la validité de l'acte de la femme se placer au moment du contrat; dans la seconde, on devra se placer au moment de son exécution; et, suivant qu'on adoptera l'une ou l'autre, on se trouvera conduit à des résultats tout à fait opposés.

III. Nous avons dit, et ce ne peut être contesté, que l'esprit du régime dotal était la conservation du patrimoine de la femme et sa transmission assurée à ses héritiers. Or, admettons un instant que l'inaliénabilité ne produise pas une incapacité chez celle qui aliène, mais une indisponibilité de la chose aliénée; cette indisponibilité cessera avec le mariage, puisqu'à cette époque la dot rentrera dans le commerce; par suite, cette dot sera saisissable par les créanciers devenus tels au cours du mariage, soit entre les mains de la femme, si le mariage est dissous par le prédécès du mari, soit entre les mains des héritiers, si c'est elle-même qui prédécède. Que deviennent dès lors les garan ties accordées par la loi? Raisonnons, au contraire, comme si la femme était incapable d'aliéner : l'aliénation qu'elle aura consentie sera frappée d'une nullité originelle qui en rendra toute exécution impossible, aussi bien après qu'avant la dissolution du mariage. La dot sera conservée aussi bien à la femme qu'à ses enfants ou autres héritiers et le but de la loi sera atteint.

Ce n'est pas seulement dans l'esprit, mais dans les termes mêmes du Code, que nous puisons des arguments en faveur de notre opinion. Lisons l'article 1391, *in fine* (loi du 10 juillet 1850) : « Si l'acte de célébration de mariage porte que les époux se sont mariés sans contrat, la femme sera réputée à l'égard des tiers, *capable* de contracter dans les termes du droit commun, à moins que dans l'acte qui contiendra son engagement, elle n'ait déclaré avoir fait un contrat de mariage. » Nous aurons à étudier cette loi, mais citons encore quelques lignes du rapport, et nous verrons que les mots : *incapacité, incapable de contracter*, s'y retrouvent à chaque instant : « On sait, dit le savant rapporteur, que de droit commun l'incapacité des personnes, par exemple, celle des mineurs, des interdits, des condamnés, se révèle par des faits dont chacun peut facilement s'instruire, et qui parfois même reçoivent une certaine publicité... Mais par une exception peut-être unique, *l'incapacité* qui résulte pour la femme de l'adoption du régime dotal est dérobée à la connaissance du public, et cependant elle a des effets très-notables ; car, d'après les textes les plus formels du Code civil, le régime dotal emporte l'inaliénabilité de l'immeuble constitué en dot, ce que la jurisprudence a étendu à la dot mobilière. La femme dotale ne peut donc, sauf dans des cas exceptionnels, aliéner directement ou indirectement aucune partie de sa dot, en sorte que si elle s'est constitué en dot tous ses biens indistinctement, elle se trouve placée durant le mariage dans une sorte *d'incapacité exceptionnelle,* ne pouvant plus, comme sous les autres régimes, s'engager valablement avec l'autorisation ou le concours de son mari. » (Rapport de M. Valette à l'Assemblée nationale, séance du 11 juin 1850.)

IV. La femme mariée sous le régime dotal est donc soumise à une incapacité particulière, quant à ses immeubles dotaux. Deux idées se dégagent de ce principe : 1° Pour apprécier la validité de l'obligation contractée par la femme relativement à sa dot, il faut se placer au moment où elle a pris naissance. Nous aurons donc à rechercher d'abord quel est l'effet des obligations antérieures au mariage ; en second lieu celui des obligations consenties pendant le mariage. 2° La deuxième conséquence de notre principe est celle-ci : La loi de l'inaliénabilité ne pourra arrêter l'exécution des obligations à la charge de la femme, toutes les fois que ces obligations prendront naissance indépendamment de sa volonté, c'est dire que l'exécution des obligations nées de ses délits ou quasi-délits pourra être poursuivie sur l'immeuble dotal.

Les obligations antérieures au mariage sont parfaitement valables et peuvent s'exécuter sur les biens dotaux. Il ne peut, en effet, dépendre de la femme de se soustraire à l'effet de ses obligations, en se mariant sous le régime dotal. Les biens en devenant dotaux ne sortent pas de son patrimoine, et comme ce ne sont pas les immeubles qui sont devenus indisponibles entre les mains de la femme, mais bien celle-ci qui s'est rendue incapable de les aliéner, cette incapacité ne peut produiro ses effets que dans l'avenir.

Nous admettrons cependant que les créanciers chirographaires de la femme ne peuvent saisir que la nue-propriété des biens dotaux, car l'usufruit a été aliéné par elle au profit de son mari. Il n'en serait pas ainsi si la constitution de dot était universelle. On est généralement d'accord pour dire que cette constitution ne doit s'entendre que déduction faites des dettes : *non sunt bona, nisi deducto ære alieno.*

Nous avons supposé jusqu'à présent que la constitution de dot émanait de la femme, mais si elle émane d'un tiers, faut-il également décider que les créanciers antérieurs au mariage peuvent saisir ces biens? Les auteurs se prononcent en général pour la négative, en disant que ces biens ne sont entrés dans le patrimoine de la femme qu'avec le caractère de biens dotaux et que, par suite, ils n'ont jamais été au nombre de ceux que la femme pouvait engager. (Aubry et Rau, p. 508, note 8). L'affirmative nous paraît imposée par la logique. Quiconque est obligé personnellement est tenu de remplir son engagement sur ses biens présents et à venir; dès lors, au moment où le bien est entré dans le patrimoine de la femme, il est devenu le gage de ces créanciers antérieurs. Dès que l'on admet que l'inaliénabilité est une règle de capacité, la distinction entre biens dotaux et biens non dotaux n'existe pas pour la femme qui a contracté étant capable. Il nous paraît qu'il y a contradiction à refuser dans cette hypothèse action aux créanciers de la femme, après la leur avoir accordée quand la constitution émane de la femme elle-même. On dit, en effet, d'un côté que ce ne sont pas les biens dotaux qui sont indisponibles, mais la femme incapable d'en disposer, et de l'autre on nie ce principe en plaçant hors de l'atteinte des créanciers la dot constituée par un tiers.

De ce qu'il faut se placer au moment de l'obligation pour apprécier la validité de l'acte consenti par la femme, il en résulte qu'une dette de celle-ci antérieure au mariage est exécutoire sur les biens dotaux quoiqu'elle ait été liquidée depuis cette époque ; tel serait le cas d'un compte de tutelle rendu par une mère remariée.

V. Les obligations contractées par la femme pendant le mariage avec l'autorisation de son mari sont valables en elles-mêmes, mais elles sont nulles en tant qu'elles devraient s'exécuter sur les immeubles dotaux. Tout le monde admet qu'elles ne peuvent être exécutées pendant le mariage sur les immeubles dotaux, mais ce qui est contesté, c'est que l'exécution n'en puisse être poursuivie après la dissolution du mariage sur des biens qui ont cessé d'être dotaux. Nous demanderons alors ce qu'aura gagné la femme à se marier sous le régime dotal ? Simplement à reculer l'époque du paiement. Mais entrant plus intimement dans la question nous dirons : on aliène de deux manières : ou par un acte qui nous dépouille immédiatement de la propriété, ou par une obligation personnelle qui ren-

ferme en soi le droit pour le créancier de faire saisir
et vendre les biens du débiteur. En d'autres termes,
en contractant une obligation, je donne à mon
créancier le droit éventuel de faire vendre mes
biens; or, l'art. 1554 défend à la femme l'aliénation
de ses immeubles, comment pourrait-elle donner à
un autre un droit qu'elle n'a point elle-même?
(Contra, Troplong, C. de mariage, 3312). Mais si
c'est parce que la femme est incapable de conférer
à un créancier le droit de mettre ce bien en vente,
la dissolution du mariage n'aménera aucun changement. « Est-il moins vrai, dit M. Labbé. (*Rev. crit.*
t. 9, p. 9), après qu'avant cette époque, que la femme
a été incapable de conférer à un créancier le droit
d'exproprier le fonds dotal, qu'elle a été incapable
de s'obliger en tant que l'obligation serait exécutée
sur les immeubles dotaux; que l'obligation contractée est réputée l'avoir été sur les conseils peut-
être intéressés du mari. Non; et cette infirmité
originaire ne peut s'effacer avec le temps, et la nullité qui en résulte peut être invoquée même après
la dissolution du mariage. » Il importera peu que
la dissolution ait lieu ou non par le prédécès de la
femme; l'art. 1560 qui donne aux héritiers le droit
d'attaquer l'aliénation directe n'exclut pas le droit
d'attaquer l'aliénation indirecte. Nous ne distinguerons pas entre les enfants et les collatéraux,
entre des héritiers bénéficiaires et des héritiers purs
et simples. Il ne nous est pas permis de créer des
distinctions que la loi ne fait pas, et d'ailleurs le

le vice de la créance ne saurait être atténué par la qualité des héritiers.

L'obligation contractée par la femme reste inefficace même dans le cas où la femme ou ses héritiers, après la dissolution du mariage, viendraient à échanger les immeubles dotaux contre des immeubles nouveaux.

VI. Mais que faudra-t-il décider à propos de l'obligation souscrite par la femme qui a constitué en dot tous ses biens présents et à venir, s'il lui arrive des biens après la dissolution du mariage. La logique nous forcerait peut-être à dire que les obligations de la femme ne pourraient être exécutées sur ces biens. M. Gide accepte cette conséquence (*Rev. crit.* T. 29, p. 89). Les raisons qu'invoque le savant professeur sont certainement très puissantes, mais elles ne peuvent nous déterminer. A Rome ni dans notre ancien droit on n'était jamais allé aussi loin. Dans une matière où les précédents ont tant d'autorité, il nous suffira de citer Henrys et Roussilhe, pour montrer qu'on n'avait jamais songé à soustraire aux poursuites des créanciers de la femme les biens qui entraient dans le patrimoine de la femme, après la dissolution du mariage. Lisons l'arrêt rapporté par Henrys : « La cour a déclaré et déclare *tous les biens constitués en dot* à ladite Féron, veuve Mamejan, par son contrat de mariage, soit les immeubles qui lui peuvent avoir appartenu lors de son contrat de mariage, ou les biens mobiliers à elle aussi appartenant, *dont elle pourra justifier que son*

dit mari a été chargé, avec l'augment à elle accordé
par ledit contrat, et tous les intérêts pour ce dûs,
échus ou à échoir, non sujets aux dettes et hypothèques par elle contractées pendant ledit mariage,
sans que les créanciers de ladite Féron, pour raison
des dettes ainsi contractées, aient pu valablement
pendant la vie dudit Mamejan ou depuis son décès,
puissent ci-après la troubler ou empêcher en la propriété et jouissance *desdits biens dotaux*, augment
et intérêts, ni la contraindre par corps pour ce re-
gard, sauf à eux à se pourvoir sur les autres biens de
ladite Féron, non dotaux qui lui peuvent ou pourraient appartenir ». (Prononcé le 18 mai 1657 Henrys, quest, 141, p. 777). Roussilhe après avoir cité
l'art. 3 du titre XIV de la coutume d'Auvergne
ajoute : « L'annotateur de Prohet sur cet article dit
que, suivant la jurisprudence, les contrats qui contiennent aliénation sont déclarés nuls sans qu'il soit
besoin de lettres de rescision et cite un arrêt de
mars 1738. Cet arrêt fût rendu entre la veuve Page,
domiciliée en Auvergne, et la veuve Cussières, sur
l'appel d'une sentence de la sénéchaussée de Cler-
mont. qui entérinait les lettres de rescision que la
veuve Page avait prises contre un contrat de constitution de rente, qu'elle et son mari avait consenti
au profit du sieur Cussières, fondée sur les lois ci-
tées. L'arrêt infirma la sentence, en ce qu'elle avait
entériné les lettres, émendant sans s'arrêter aux
lettres, déclara nul le contrat de rente en ce qui concerne *les biens dotaux* de la femme obligée avec son

mari». (Roussilhe, de la dot, t. 1, p. 436). Les obligations contractées par la femme, pendant son mariage, étaient donc nulles seulement quant aux biens dotaux, quant aux biens qui, à un moment quelconque du mariage, avaient été marqués de l'empreinte de la dotalité.

VII. Les immeubles dotaux de la femme peuvent être saisis par ses créanciers quand leur droit résulte d'un délit, d'un quasi-délit ou d'un quasi-contrat. Quant aux obligations naissant des crimes ou délits de la femme, on est généralement d'accord aujourd'hui. On ne peut en effet, sans blesser la morale publique, protéger la femme contre les conséquences de ses méfaits, quand le mineur lui-même en est responsable. La femme dotale doit être, comme toute autre personne, en vertu de l'art. 1382, obligée de réparer le dommage causé à autrui (cas. 5 mars 1845). Nous avons dit, et nous devons toujours revenir à ce principe, que l'inaliénabilité est une règle de capacité ; or il ne peut être question de capacité là où la volonté n'est pour rien. La femme, en effet, en commettant un crime ou un délit ou un quasi-délit, n'a pas eu en vue évidemment de faire naître une obligation.

VIII. Quant aux quasi-contrats, une distinction nous paraît nécessaire.

Le quasi-contrat émane-t-il de la femme, il faudra décider, en général qu'il n'oblige pas l'immeuble dotal, parce que la femme a pu raisonnablement prévoir les conséquences de l'acte qu'elle a fait, et que l'aliénation peut être regardée comme volontaire dans une certaine mesure.

Que si la femme se trouve obligée sans sa volonté par suite du fait d'un tiers, sa dot est tenue parce qu'il n'y a plus pour elle d'incapacité.

Ainsi, quand la femme a purement et simplement accepté une succession notoirement obérée, les créanciers du défunt n'ont pas action sur l'immeuble dotal de la femme. La femme en acceptant purement et simplement cette succession a dû savoir qu'elle s'obligeait à payer les dettes, et on peut considérer cette acceptation comme une aliénation volontaire.

Si, au contraire, nous supposons une gestion d'affaire, entreprise par un tiers au profit de la femme, l'immeuble dotal sera tenu de l'action *negotioram gestorum contraria*, s'il y a lieu à cette action.

SANCTION DU PRINCIPE DE L'INALIÉNABILITÉ

I. Dans l'article 1554 la loi a établi la prohibition d'aliéner l'immeuble dotal, soit directement, soit indirectement. Dans l'article 1560 elle nous fait connaître la sanction de sa prohibition. Elle accorde au mari avant la séparation de biens, à la femme après cette séparation ou après la dissolution du mariage, une action en nullité. Elle détermine en outre le délai de prescription de cette action. La prescription dont la loi s'occupe dans l'art. 1561 est la prescription acquisitive ; l'art. 1560 au contraire, a trait à la prescription libératoire de l'action en nullité. Déterminons le cas où il y a lieu à la prescription libératoire, et alors nous aurons le domaine de l'art. 1560, fixons également le cas où il y a lieu à la prescription acquisitive et nous aurons les limites de l'art. 1560.

A priori la distinction est facile : la prescription acquisitive suppose que l'aliénation a été faite à *non domino*, la prescription libératoire s'applique au contraire, à la nullité de l'aliénation consentie par un incapable. Cela posé, nous voyons que l'article 1560 comprend certainement : 1º Le cas où la femme a aliéné seule, (bien entendu avec l'autorisation de son mari); 2º le cas où elle a aliéné conjointement avec son mari, en dehors des exceptions légales; 3ᵉ le cas où le mari a aliéné seul, mais en vertu d'un mandat de la femme. Ces trois hypothèses se confondent ; quand le mari aliéne en vertu d'un mandat de la femme, c'est en réalité celle-ci qui aliène, par l'intermédiaire de son mari; quand le mari concourt à l'aliénation, conjointement avec la femme, « celle-ci y a pris certainement la part principale, et cette aliénation émanant du propriétaire, ne peut être entachée par l'inaliénabilité que d'un vice d'incapacité. » (M. C. de Santerre p. 501.)

II. Si le mari a vendu le bien dotal comme lui appartenant, nous verrons là une vente faite *à non domino*, la vente de la chose d'autrui. Cette hypothèse est régie directement par l'art. 1599. La vente est nulle et la nullité peut être invoquée par l'acheteur et par le mari, celui-ci agissant comme représentant de la femme. L'art. 1560 ne nous paraît pas avoir prévu ce cas qui tombe plutôt sur l'application de l'art. 1561. L'acheteur pourra prescrire par trente, dix ou vingt ans, à partir de la séparation de biens. Le mari et la femme auront successivement l'action en revendication.

III. Il y a plus de difficulté quand le mari a vendu le bien dotal, non comme propriétaire, mais en sa qualité de mari. Qu'ont entendu faire les parties? Elles ne peuvent pas avoir voulu faire une véritable vente, puisque l'une, le mari ne s'est pas présenté comme propriétaire, et que l'autre savait qu'il ne l'était pas. Le mari s'est présenté sans mandat de la femme, et si l'on veut donner une valeur à la convention faite, il faut dire que le mari s'est porté fort pour la femme, a promis la ratification de la femme. Si celle-ci ne ratifie pas, la vente évidemment n'a pas pu avoir lieu, puisqu'on ne peut pas vendre la chose d'autrui, et la femme lors de la dissolution du mariage ou de la séparation de biens à l'action en revendication, c'est-à-dire que celui qui a traité avec le mari ne pourra invoquer que la prescription acquisitive.

On a contesté cette solution et on a prétendu que

c'était ici le cas d'appliquer l'art. 1560, qu'on ne pouvait pas considérer la femme comme absolument étrangère à l'opération faite par son mari, et que, par suite, la femme n'avait qu'une action en nullité, et non point une action en revendication. On s'est appuyé sur le texte de l'art. 1560 qui paraît assimiler le cas où le mari a vendu seul à celui où le mari et la femme ont vendu conjointement, car l'article dit sans distinguer que la vente pourra être révoquée. Ce système est tellement contraire aux principes généraux du droit, il peut conduire à des conséquences si désastreuses pour la femme, que nous ne l'admettons qu'en présence d'un texte formel et précis. Ce texte n'existe pas. En effet, notre article est si loin d'être précis qu'on peut l'expliquer de deux manières, sans être conduit à la solution que nous combattons. Ainsi, ne peut-on pas dire que les rédacteurs du Code ont eu en vue le cas où le mari a agi sur un mandat de la femme? On donne une seconde explication que nous croyons devoir adopter, c'est celle qu'enseigne M. Colmet de Santerre. Oui, l'art. 1560, en parlant du mari, envisage le cas où il a aliéné sans un mandat de la femme, mais est-ce à dire, parce qu'il met cette hypothèse à côté de celle où la femme a aliéné, que le législateur a entendu les confondre absolument? Il emploie, il faut le dire, un seul mot, pour sauvegarder les intérêts de la femme; mais si nous prouvons d'une part que ce mot est assez vague pour s'appliquer à la fois à une action en rescision et à une action en revendication, et si d'un autre côté, nous montrons dans quel but le législateur a rapproché deux hypothèses qui ne doivent pas être soumises aux mêmes règles, nous aurons enlevé toute base à un système qui s'écarte si étrangement des principes les plus certains du droit.

« Recherchons d'abord si l'article 1560 a caractérisé l'action dont il parle, parce que s'il en a indiqué la nature, comme il n'a employé qu'une seule expression, on serait amené à conclure que les actions qui doivent être exercées dans les hypothèses prévues sont une seule et même action. Dans l'opinion que nons combattons, on lit le mot *révocation* qui est dans l'article. Comme s'il y avait *rescision* ou *nullité* et c'est de là qu'on conclut à l'assimilation entre les conséquences de l'aliénation émanée du mari et de celle que la femme a consentie. Mais le mot *révocation* n'a pas un sens technique aussi précis que le mot *rescision* ou le mot *nullité*. C'est une expression un peu vague, employée peut être avec intention par le législateur, pour permettre des distinctions sur la nature de l'action, suivant les hypothèses. Faire révoquer l'aliénation, c'est simplemunt la faire tenir pour non avenue ; mais on peut obtenir ce résultat, soit en revendiquant, soit en intentant une action en nullité ; dans l'un comme dans l'autre cas, le bien est rappelé dans le patrimoine, et le mot *révocation* peut désigner le fait qui l'y fait rentrer. Nous trouvons bien souvent dans le Code civil le mot *révocation* employé dans des hypothèses où il ne s'agit pas de nullité, par exemple dans le cas réglé par l'article 960, où la révocation consiste dans l'anéantissement de plein droit de la propriété du donataire et dans son retour au donateur qui, pour faire cette révocation, aurait certainement une action en revendication.

« Toute l'importance de l'argument construit sur l'article 1560 nous paraît détruite par cette observation sur le caractère ambigu du mot qui désigne le droit du mari et celui de la femme : que ce terme. en effet, ait assez d'étendue pour s'appliquer soit à une action en revendication, soit à une action en rescision, et cela suffit pour que l'article ne puisse pas être sûrement considéré comme ayant dérogé aux principes sur les aliénations consenties par un autre que le propriétaire. » (M. Colmet de Santerre, p. 504).

Et maintenant pourquoi le Code rapproche-t-il le cas où l'aliénation a été consenti par le mari seul, sans mandat de la femme, de celui où elle a été consentie par la femme autorisée de son mari ? Le deuxième alinéa de notre article nous le fait voir, c'est pour répondre à la question de savoir si le mari, auteur de l'aliénation, aurait l'action en revendication.

Quant à l'argument qui consiste à dire que les règles exceptionnelles du régime dotal ne permettent pas de regarder la femme comme étant restée absolument étrangère à l'aliénation consentie par le mari, il ne peut nous toucher, il est trop vague, car on pourrait dire tout aussi bien sous le régime de communauté que la femme n'a pas été complétement étrangère à l'aliénation d'un de ses propres consentie par le mari. Comment peut-on présenter le mari comme un mandataire de la femme à l'effet d'aliéner? Le mandat d'administrer ne peut jamais conférer le droit d'aliéner et tous les actes faits par un mandataire, en dehors de son mandat, sont de nul effet à l'égard du mandant et ne sauraient l'engager. C'est ce que nous disent les art. 1989 et 1998 tirés de Pothier, qui s'exprimait ainsi : « Ce n'est que dans le cas auquel le mandataire se renferme dans les bornes du mandat que le mandant peut être censé contracter, par le ministère du mandataire, avec ceux avec lesquels le mandataire contracte. » (Contrat de mandat, n° 90).

Nous avons dit que le système contraire pourrait conduire à des conséquences dangereuses pour la femme. Supposons, en effet, que moyennant une somme d'argent le mari s'est engagé à ne pas bâtir sur une certaine partie des fonds dotal : il suffira à son cocontractant de tenir son titre secret pendant dix ans, à partir de la dissolution du mariage, pour se mettre à l'abri de toute action de la part de la femme.

IV. Nous avons à nous demander maintenan :
1° Quel est le caractère de la nullité de l'aliénation ? Qui peut exercer l'action en nullité ? Quelle est sa

durée? 2⁰ Si le tiers acquéreur a un recours soit contre le mari, soit contre la femme ?

Que la femme ait aliéné avec l'autorisation du mari ou sans son autorisation, l'action en nullité est relative, elle n'a été établie que dans l'intérêt de la femme. Ce n'est pas à dire qu'il soit sans importance de savoir que l'aliénation nulle pour défaut d'autorisation, est nulle aussi à cause de l'inaliénabilité, car cette dernière circonstance empêche la confirmation de l'acte pendant le mariage.

Nous faisons rentrer dans l'hypothèse où la femme a aliéné avec l'autorisation de son mari, celle où l'aliénation a eu lieu avec le concours de celui-ci.

V. La nullité ne peut être demandée pendant le mariage, ou tout au moins avant la séparation de biens, que par le mari, comme administrateur des biens dotaux, art. 1547. Elle ne peut pas l'être par le tiers acquéreur que la loi n'avait pas à protéger. Le tiers acquéreur ne sera pas cependant entièrement désarmé; il pourra, s'il n'a pas payé, refuser le paiement en s'appuyant sur l'art. 1653. Il pourra, alors même qu'il aurait payé, repousser l'action en nullité de l'aliénation, si l'on avait employé contre lui des manœuvres frauduleuses, ayant eu pour résultat de lui faire croire, par exemple, que tel bien était paraphernal alors qu'il était dotal. La loi défend la femme contre sa faiblesse, elle ne saurait protéger la fraude. Mais la simple déclaration de paraphernalité ne sausait donner au tiers acquéreur le droit de repousser l'action en nullité.

Le mari, avons-nous dit, intentera l'action en nullité, mais ses créanciers ne peuvent se prévaloir d'une nullité qui n'a pas été établie dans son intérêt et qu'il n'exerce que comme administrateur. Il est à peine besoin d'ajouter que ses héritiers n'auront pas plus de droits que ses créanciers.

La femme ne peut exercer son action en nullité avant la séparation de biens ou la dissolution du mariage. Quant à ses héritiers, l'art. 1560 leur attribue expressément l'exercice de l'action en nullité.

La solution est moins facile quand on se demande quels sont les droits des créanciers de la femme. Ecartons d'abord les créanciers postérieurs au mariage, ils n'ont jamais dû compter sur le bien rendu qui ne peut être saisi par eux. Quant aux créanciers antérieurs au mariage, nous ne pensons pas non plus qu'ils puissent invoquer l'art. 1166. La femme a bien évidemment un droit pécuniaire, mais il tient à la qualité toute personnelle de femme dotale. Que l'on considère la bizarre conséquence qui résulterait du droit accordé à ses créanciers d'intenter l'action en nullité de la femme : ils se trouveraient plus favorisés que si leur débitrice s'était mariée sous tout autre régime que le régime dotal. Ce serait précisément à cette circonstance que la femme est mariée sous le régime dotal qu'ils devraient un droit qui leur serait dénié dans toute autre situation. Comment accorder à ces créanciers auxquels on ne peut opposer à l'inaliénabilité le

droit de se prévaloir de cette même inaliénabilité?
(Aubry et Rau. T. V § 537, no 25, édit. 1872 ; Sir, 60,
1, 432 ; contrà M. Colmet de Santerre, t. VI, p. 499.)
Nous ne pouvons leur reconnaître que le droit d'invoquer l'art. 1167.

Il en sera autrement si nous supposons des créanciers ayant acquis valablement des hypothèques
sur le fonds dotal, en conflit avec d'autres créanciers
hypothécaires. Ces créanciers agissent en vertu d'un
droit réel qui leur est propre et qu'ils ont puisé dans
la validité des hypothèques qui leur ont été consenties. Ils n'invoquent pas l'art. 1166.

V. La femme peut, si elle le préfère, au lieu
d'exercer son action en nullité s'en tenir à son
action en indemnité contre son mari. Qu'on ne
dise pas que l'art. 1560 limite le droit de la femme
à l'action en nullité. « Cet article se borne à régler
l'exercice de ce droit quant aux époques respectives
auxquelles elles peuvent en user, mais rien n'autorise à en conclure que le législateur ait entendu
refuser à la femme ou à ses héritiers la faculté de
répéter, contre le mari, le prix d'une aliénation par
lui touché. » (Aubry et Rɛu, p. 563, note 27). La
nullité a été établie dans l'intérêt de la femme, elle
peut donc y renoncer, et les créanciers du mari
sont sans qualité à la faire valoir. L'acquéreur du
bien dotal peut parfaitement exiger une hypothèque du mari, et s'il le fait, il importe peu au créanciers du mari que ce soit l'acquéreur ou la femme
qui obtienne une collocation avant eux pour la

répétition du prix. On comprend très-bien, s'il ne l'a pas fait, que sa négligence puisse lui être préjudiciable, mais il est difficile d'expliquer pourquoi on en ferait retomber les conséquences sur la femme, qui peut avoir grand intérêt à ne pas demander la révocation d'une aliénation qui lui est peut être très-avantageuse.

La nullité tient à une incapacité spéciale de la femme dotale : aussi quant au délai nécessaire pour prescrire nous appliquerons l'art. 1304. Il est du reste généralement admis que l'art. 1304 s'applique à tous les cas de nullité des contrats. (Arg. tiré des expressions *dans tous les cas*). Nous verrons quel est le point de départ de cette prescription.

VI. L'acquéreur peut avoir quelquefois un recours à exercer. Il semblerait que le mari ne doit être tenu d'aucun recours lorsqu'il n'a fait qu'autoriser sa femme, lorsqu'il a aliéné avec le concours de sa femme, ou sur le mandat de sa femme, car, dans notre droit, *qui auctor est non se obligat.* Le Code n'en décide pas ainsi et il accorde au tiers acquéreur un recours en garantie contre le mari pour le cas où il a laissé ignorer la dotalité ou faussement déclaré que l'aliénation étant permise par le contrat de mariage. L'art. 1560 dit que le mari sera tenu de dommages et intérêts, s'il n'a pas déclaré dans le contrat de vente que le bien vendu était dotal. Nous ne pouvons pas prendre ce texte au pied de la lettre. Soumettre, en effet, quelqu'un à des dommages et intérêts, c'est lui imposer l'obligation de réparer un préjudice par lui causé, par conséquent si le préjudice est nul, comme il le serait si l'acheteur avait connu la dotalité du bien vendu, les dommages et intérêts descendent à zéro. D'où nous concluons que le mari n'est pas tenu de dommages et intérêts envers l'acheteur, si celui-ci a su que le bien vendu était dotal, car le silence du mari ne lui a causé aucun tort. L'art. 1560 veut dire seulement que le juge devra être très-difficile dans l'admission des preuves invoquées par le mari pour établir que l'acheteur connaissait la dotalité, et qu'il ne devra le plus souvent admettre que des preuves tirées de l'acte même d'aliénation (MM. Colmet de Santerre, p. 509; Aubry et Rau, p. 471, note 4). »

Nous en dirons autant du cas où le mari a vendu en nom qualifié. L'acheteur connaissait, c'est l'hypothèse, la dotalité du bien vendu, il ne pouvait pas ignorer que le mari n'avait pas pouvoir de vendre, le silence du mari ne lui cause aucun préjudice, son action en dommages et intérêts n'a donc pas de base. Remarquons d'ailleurs que le mari sera tenu de restituer le prix par lui reçu, lors même qu'il ne serait passible d'aucuns dommages et intérêts. Le mari ne sera donc tenu que lorsque l'acheteur aura ignoré la qualité du bien vendu,

Il est bien entendu que l'obligation de garantie à laquelle le mari se trouve soumis ne forme point obstacle à la demande en nullité qu'il pourrait faire. L'acheteur ne saurait tirer une fin de non-recevoir de la maxime : *quem de evictione...* En attaquant l'aliénation le mari agit bien moins en son nom personnel qu'en sa qualité de chef de l'union conjugale et d'administrateur des biens dotaux. On ne pourrait donc repousser son action au moyen d'une exception tirer d'un engagement qui lui est personnel.

VII. Recherchons maintenant les droits que peut avoir le tiers acquéreur contre la femme.

Si elle a aliéné seule, elle est incapable, et par suite elle n'a pas pu contracter valablement l'obligation de garantie qui est née de la vente qu'elle a faite. Lorsque la femme a aliéné avec l'autorisation de son mari, elle n'est pas tenue à garantie par cela seul qu'elle a laissé ignorer la dotalité. (Arg. à cont. de l'art. 1560, 2° comb. avec l'art. 1560,1°). Quant au prix qu'elle a reçu, elle doit comme tout autre incapable le rembourser, *quatenus locupletior facta est*, et la restitution se fera sur les valeurs paraphernales.

Si la femme a spécialement promis la garantie, il nous paraît que l'exécution de cette obligation peut être poursuivie sur les biens paraphernaux, absolument comme l'exécution de toute autre obligation.

VIII. L'aliénation de l'immeuble dotal peut devenir irrévocable par la ratification. La ratification peut avoir lieu seulement après la dissolution du mariage. Il est cependant des cas où la ratification faite pendant le mariage est valable. C'est lorsqu'elle

se trouve dans le testament de la femme ; car le
testament est un acte que la femme peut faire sans
subir d'influences étrangères et qui ne produit d'effet qu'après la dissolution du mariage. La ratification faite pendant le mariage serait encore valable,
si la femme après avoir aliéné un fonds dotal et
avant d'avoir touché le prix de vente, donnait la
créance en paiement de prix pour l'établissement
de ses enfants par mariage ou autrement. La femme
en effet, aurait pu aliéner directement le fonds pour
l'établissement de ses enfants, pourvu qu'elle l'eu
fait avec l'autorisation de son mari. Il n'y a aucun
avantage à l'empêcher de disposer du prix.

La ratification peut être expresse ou tacite. Si
elle est expresse, l'acte qui la contient doit réunir
les conditions exigées par l'article 1338. Il y a confirmation tacite lorsque la femme ou ses héritiers,
acceptent purement et simplement la succession
du mari sur qui pesait l'obligation de garantie.

DE L'IMPRESCRIPTIBILITÉ DU FONDS DOTAL

Le domaine de l'art. 1561 comprend tous les cas
de prescription acquisitive et notamment le cas où
le mari a aliéné seul, sans le consentement de la
femme. Il comprend encore le cas où l'immeuble
dotal perd, par suite de non usage, les servitudes

actives établies à son profit. Il en faut dire autant de l'usufruit immobilier constitué en dot. D'une façon générale, l'art. 1561 déclare imprescriptibles durant le mariage les immeubles dotaux non stipulés aliénables.

I. Ce principe souffre plusieurs exceptions.

1º Si la prescription a commencé avant le mariage. Le tiers détenteur, en effet a du s'attendre à devenir propriétaire au bout de 10, 20 ou 30 ans de possession; d'un autre côté la femme est en faute de n'avoir pas interrompu le cours de la prescription pendant qu'elle avait encore l'administration de ses biens. Depuis le mariage le mari était tenu d'agir lui-même contre le tiers détenteur; s'il ne l'a pas fait, il devra indemniser la femme. Nous admettrons cependant le tempéramment de la loi romaine, (L. 16, D. *defundo dotali*) qui admettait què, si la prescription avait été accomplie très-peu de temps après le mariage, de telle façon qu'il ne fut point possible de reprocher au mari son inaction, celui-ci n'était pas tenu d'indemniser sa femme.

La prescription est à considérer comme ayant commencé avant le mariage par cela seul que le fait de la possession est antérieur à cette époque, bien que, dès l'origine, la prescription ait été suspendue par la minorité de la femme et que cette cause de suspension n'ait cessé que durant le mariage (Grenoble, 6 décembre 1842; Sir. 43,2,290).

2º Si l'aliénation a été permise par le contrat de

mariage, mais à condition toutefois que la validité
de cette aliénation ne soit point soumise à l'obligation de faire remploi du prix.

3° Lorsqu'il y a séparation de biens. L'art. 1561-2°
s'exprime ainsi : « Les immeubles dotaux deviennent néanmoins prescriptibles après la séparation
de biens, quelle que soit l'époque à laquelle la prescription a commencé. »

L'imprescriptibilité disparaît donc au cas de séparation de biens, alors que l'inaliénabilité subsiste
encore. Cette régle paraît étrange; mais elle est dans
la loi, il faut bien l'accepter. On peut cependant
l'expliquer. L'aliénation indirecte par prescription
est, en effet, moins dangereuse que l'aliénation
directe. L'influence du mari, qui est à craindre
dans la seconde hypothèse, n'est plus aussi redou-
table dans la première. La femme d'un autre côté
aura un bien mince intérêt à laisser accomplir la
prescription, car le détenteur ne voudra jamais
payer bien cher une inaction que rien ne rend
certaine.

II. En comparant notre article à l'art. 1560, on
voit bien qu'il ne s'occupe que des prescriptions
acquisitives. Dans son deuxième alinéa il apporte
une restriction au principe établi dans le premier,
— tandis que, au contraire, nous ne voyons pas
l'art. 1560 qui pose la règle de la prescription libératoire de l'action en nullité, restreindre la portée
de cette règle.

On a soutenu néanmoins que lorsque la femme,

mariée sous le régime dotal, aliène l'immeuble constitué en dot, l'action en nullité fondée sur l'inaliénabilité de l'immeuble, se prescrit à partir de la séparation de biens. (M. Valette, Revue étrangère, 1840, p. 241).

On invoque à l'appui de cette opinion le droit romain, notre ancien droit, les travaux préparatoires du Code et l'art. 2255 combiné avec les articles 1560 et 1561.

La loi 30 au Code, *de jure dotium*, dit, en effet, que toute prescription ou usucapion, par un temps plus ou moins long, courra contre la femme du jour où elle aura pu exercer ses actions : *ea mulieribus ex eo tempore opponatur ex quo possint actiones movere.*

Cette constitution était généralement suivie dans nos anciens pays de droit écrit, sauf en Auvergne et en Normandie.

Les rédacteurs du Code ayant oublié de rappeler les anciens principes sur la prescriptibilité de l'immeuble dotal après la séparation des biens, la section de législation du tribunal demanda une exception au principe de l'imprescriptibilité pour le cas de séparation de biens. Le projet fut, en effet, modifié.

Nous ne nous arrêterons pas sur l'argument tiré du droit romain. Il est sans force si nous nous trouvons en présence d'un texte formel du Code. Nous pourrions en dire autant des travaux préparatoires du Code, mais nous ajouterons une observation :

Le Tribunat s'exprime ainsi: « La section pense aussi que la séparation de biens doit faire une exception à l'imprescriptibilité dans le cas de l'article 170, puisque la femme séparée a la liberté de réclamer ses biens entre les mains des tiers, que le but de la séparation est de lui donner le droit d'en jouir, et que dans le cas de cet article, on ne peut la considérer comme retenue par la crainte maritale ».

Or, l'article 170 du projet n'est autre que l'article 1561 du Code. Que les raisons données par le tribunal pussent également s'appliquer à l'art. 169, nous n'y contredirons point ; mais il n'a demandé de modifications qu'à l'article 170 ; nous ne pouvons aller plus loin. Quant aux mots placés à la fin du premier alinéa de l'art. 1560: « la femme aura le même droit après la séparation de biens », ils ne nous paraissent pas avoir l'importance qu'on leur attribue. S'ils apportent une modification à l'article 1560, ce ne peut être qu'à la décision principale qui est celle-ci : « la femme pourra faire révoquer l'aliénation après la dissolution du mariage ». On n'avait pas prévu le cas de séparation de biens, il fallait bien dire qui, dans cette hypothèse, aurait l'action. Quant à la phrase incidente sur la prescription, elle n'est pas atteinte par l'addition.

Le système que nous combattons se trouve encore contraire à l'idée que la prescription de dix ans est une confirmation tacite ; or, la confirmation d'un acte annulable ne peut être entachée du même vice que l'acte lui-même. Ce vice, qui est l'inaliénabilité, dure autant que le mariage.

Nous arrivons à l'argument tiré de l'art. 2255 qui dit que « la prescription ne court pas pendant le mariage, *à l'égard de l'aliénation* d'un fonds constitué sous le régime dotal, *conformément à l'art.* 1561. D'après cette disposition, l'art. 1561 traiterait aussi de l'aliénation. Nous ne pensons pas que l'art. 2255 ait voulu d'une manière aussi indirecte établir une règle d'une telle importance. Il a voulu parler de la règle générale de l'imprescriptibilité et c'est l'art. 1561 qu'il a visé, parce que celui-ci, mieux que l'art. 1560, en contient le principe.

III. Même lorsqu'il s'agit de prescription acquisitive, cette prescription ne court pas toujours à partir de la séparation de biens. L'art. 2256 nous dit, en effet, que la prescription est suspendue quand l'action en revendication de la femme est de nature à réfléchir contre le mari; par exemple lorsque celui-ci a aliéné seul sans mandat de la femme. Il est, en effet, tenu à garantie. Dans les cas même où il n'est pas tenu a garantie, s'il est obligé de restituer le prix par lui reçu, la prescription sera encore suspendue, car l'action de la femme réfléchirait contre lui.

EXCEPTIONS AU PRINCIPE DE L'INALIÉNABILITÉ DU FONDS DOTAL

Le principe posé par l'art. 1554 n'est pas absolu ; l'inaliénabilité n'est, en effet, que de la nature et non point de l'essence du régime dotal. Les exceptions sont ou conventionnelles ou légales.

Conventionnelles. I. L'immeuble dotal peut être aliéné lorsque l'aliénation en a été permise par le contrat de mariage. C'est ainsi que s'exprime l'art. 1557. Cette clause est tantôt pure et simple, tantôt accompagnée de cette restriction : les immeubles pourront être aliénés, mais à charge de remploi.,

II. Disons avant d'aller plus loin que la femme mineure peut, dans son contrat de mariage stipuler que ses immeubles dotaux seront aliénables. On l'a contesté en invoquant le droit romain et l'ancien droit qui faisaient certaines distinctions. Le Code, dans l'art. 1398, n'établit aucune distinction et, par l'art. 1309, ne permet pas d'en faire. Aussi voyons-nous la cour de cassation décider qu'une mineure peut, dans son contrat de mariage, donner pouvoir à son mari de traiter de ses biens dotaux indivis, de les gérer, administrer, liciter, vendre, aliéner aux prix, pactes, conditions qu'il jugerait plus avantageux (Sir. 47, 1, 241). Le législateur, en effet, a voulu en faveur du mariage, conférer à la femme, dûment assistée, une majorité anticipée, pour qu'elle pût, dans son contrat de mariage, faire toutes les stipulations permises aux majeurs.

C'est en partant de cette idée que nous déciderons également que l'aliénation sera dispensée des formalités prescrites pour l'aliénation des biens mineurs. Décider autrement ce serait se mettre en contradiction avec le principe ; car, si la femme, sous certaines conditions, contracte comme majeure, on ne peut la soumettre aux entraves de la minorité pour l'exécution de ces mêmes conventions.

Nous devons ajouter que la clause autorisant l'aliénation ou l'hypothèque du bien dotal, ne donne à aucun des époux le droit d'aliéner ou d'hypothéquer sans le consentement de l'autre, à moins que dans le contrat de mariage il n'ait été expressément stipulé le contraire.

De ce que la femme peut, aux termes de son contrat de mariage, aliéner l'immeuble dotal, on n'en doit point conclure que ses créanciers puissent le saisir, s'ils n'en ont pas d'ailleurs le droit, abstraction faite de cette stipulation.

III. D'autres difficultés se présentent sur l'hypothèse prévue par l'art. 1557. 1° Peut-il être convenu dans le contrat du mariage qu'au lieu de vendre l'immeuble on l'hypothéquera? 2° La faculté d'hypothéquer, est-elle comprise dans la faculté d'aliéner? Sur la première question on est généralement d'accord, car nous voyons l'art. 1387 donner aux parties pleine liberté d'établir leur contrat de mariage à leur gré. Si elles peuvent rejeter entièrement le régime dotal, elles peuvent aussi ne l'adopter qu'en partie.

On invoque bien contre notre opinion un argument de texte : L'art. 1557 ne mentionne pas, dit-on, la faculté d'hypothéquer. Nous répondrons que dans le langage du législateur, le mot *aliéner* est presque toujours pris dans un sens général : art. 484, 1428, 1449, 1535, 1578. D'ailleurs l'art. 7 du Code de commerce dit en propres termes « que les biens dotaux ne peuvent être hypothéqués ni aliénés que dans les cas déterminés et avec les formes réglées par le Code civil. Les biens dotaux peuvent donc être hypothéqués.

IV. Il semble, d'après ce que nous venons de dire, et c'est notre deuxième question, que la faculté d'aliéner comprend toujours celle d'hypothéquer. C'est là une question de fait, d'interprétation du contrat de mariage. Il arrivera même très souvent que les parties n'auront eu en vue, en se servant du mot « aliéner » que la vente seule. L'ensemble des clauses du contrat, les circonstances de fait pourront seules éclairer le juge qui, dans le doute, devra interpréter restrictivement cette dérogation aux règles ordinaires du régime dotal.

V. Passons maintenant au cas où l'aliénation n'a été permise qu'à charge de remploi.

Les deux questions d'emploi et de remploi sont si intimement liées que nous n'avons pas cru devoir

les séparer. C'est pour cela que nous avons ajourné
l'étude de la première qui se trouve ainsi placée au
chapitre des exceptions à l'inaliénabilité dotale.

Les deux expressions *emploi* et *remploi* sont quelquefois synonymes, (art. 1450, 1558, 1559); mais
en général on se sert du mot remploi lorsque les
deniers à payer proviennent du prix d'un immeuble
aliéné. La clause d'emploi et de remploi est une
restriction au droit qu'a le mari d'exiger et de recevoir le remboursement des deniers dotaux. Sous le
régime de la communauté, les futurs époux peuvent
stipuler dans leur contrat de mariage que les propres de la femme ne pourront être aliénés qu'à
charge de faire remploi du prix, mais cette clause
n'est opposable à l'acquéreur qu'autant que les parties ont entendu stipuler le remploi, tel qu'il est pratiqué sous le régime dotal. Sous le régime dotal, au
contraire, l'obligation de faire remploi, stipulée
dans le contrat de mariage, est *ipso jure* opposable
aux tiers, c'est-à-dire que l'acquéreur d'un immeuble dotal aliénable, sous condition de remploi, ne
devra payer son prix qu'après s'être assuré de l'existence du remploi : autrement, il s'exposerait à un
recours de la femme, laquelle ne retrouvant pas
ses biens dotaux à la dissolution du mariage ou à
l'époque de la séparation de biens, pourrait le contraindre à restituer le fonds aliéné ou à payer une
deuxième fois son prix d'acquisition.

Les conséquences de la clause de remploi sont
donc très-dangereuses pour les acquéreurs de biens

dotaux, aussi faut-il qu'elle soit expressément stipulée dans le contrat de mariage. La Cour de Grenoble (Sirey, 60, 1, 873) a jugé avec raison que la clause d'un contrat de mariage portant que le mari est autorisé à aliéner les biens dotaux de sa femme, « à charge de l'hypothèque sur ses biens », ne confère à la femme, en cas d'aliénation, aucune garantie autre que celle résultant de son hypothèque légale, et qu'une telle clause n'avait nullement pour effet de subordonner la validité de l'aliénation à la condition d'examen de la suffisance des biens frappés de l'hypothèque légale.

VI. Le remploi est donc la condition mise à la validité de l'aliénation, de même que l'emploi est la condition mise à la validité du paiement d'une créance dotale. L'acquéreur ne devra par conséquent payer son prix qu'après s'être assuré de l'existence du remploi. Il en est de même du débiteur d'une créance dotale : Ce que nous dirons de l'un s'appliquera également à l'autre. L'acquéreur est en outre garant de l'utilité du remploi, car si la femme est évincée de son nouvel immeuble, elle pourra demander la nullité de l'aliénation de son fonds dotal. La femme, en effet, doit retrouver l'équivalent de ce qui a été aliéné et ce n'est que sous cette condition que l'aliénation est valable. Un immeuble grevé d'hypothèques ou frappé d'un droit de résolution ne remplirait nullement cette condition. (Cas. Sirey, 40, 1, 668).

On comprend qu'en présence d'une pareille situation, il se présente peu d'acquéreurs des biens dotaux ; aussi, en pratique, pour ne pas rendre à peu près inutile la faculté d'aliéner à charge de remploi, a-t-on l'habitude d'insérer dans le contrat de mariage que l'acquéreur ne sera responsable que de l'existence effective du remploi. La femme prend ainsi à sa charge les risques de l'éviction.

L'acquéreur doit, en outre, veiller à ce que le remploi représente aussi exactement que possible le prix dont il est débiteur ; autrement il ne serait libéré que de la portion du prix qui aurait été effectivement remployée. Il serait encore exposé à être évincé de son acquisition, sauf à exiger le remboursement du prix par lui payé jusqu'à concurrence de ce qui aurait été remployé.

VII. Voyons en quels biens doivent être faits l'emploi et le remploi.

L'emploi et le remploi doivent être faits de la manière indiquée dans le contrat de mariage. Si le contrat de mariage n'indique pas en quels biens ils doivent être faits, on doit les faire en immeubles, ou en actions immobilisées de la Banque de France, ou bien encore en rentes 3 0/0. (L. 1862) ou 5 0/0 (L. 1871). Les rentes 3 0/0 ou 5 0/0 acquises en remploi deviennent inaliénables par une mention sur le Grand Livre indiquant leur destination ; mais elles n'en conservent pas moins leur nature de meubles, la loi ne disant rien à ce sujet.

Il n'y a pas emploi proprement dit, lorque la clause porte que la dot constituée en argent sera employée en acquisitions d'égale valeur affectées à l'hypothèque légale de la femme.

L'emploi et le remploi ne peuvent avoir lieu en un placement hypothécaire, à moins que le contrat de mariage ne l'ait formellement permis ; mais, comme nous venons de le dire, il n'y aura pas là, à proprement parler, emploi ou remploi, (Dalloz, 34, 2, 9.) Quel est, en effet, le but de la clause d'emploi ou de remploi ? De transformer par l'emploi une dot mobilière en une dot immobilière offrant plus de garanties, (1553) et de conserver par le remploi à la dot immobilière précisément ce caractère de dot immobilière.

Le remploi peut être fait en une maison à bâtir, c'est-à-dire en un immeuble qui n'existe pas encore. En pareil cas, le tiers acquéreur fera bien de ne payer son prix qu'au fur et à mesure des besoins de la femme, c'est-à-dire de le distribuer à titre de salaire aux entrepreneurs et aux ouvriers.

Le tiers acquéreur peut se refuser à payer le prix lorsque la femme propose comme objet du remploi un de ses paraphernaux, car la purge des hypothèques n'est pas possible. (Sirey, 48, 2, 386.)

Les biens du mari peuvent être cédés en remploi pourvu qu'ils soient libres. Nous sommes ici dans un des cas prévus par l'art. 1595 qui ne distingue pas entre le régime dotal et le régime de communauté. L'acquéreur est à l'abri de tout recours, car avant d'accepter le remploi, la femme peut purger les hypothèques.

VIII. L'emploi du prix de l'immeuble dotal à payer les dettes antérieures au mariage, qui pourraient grever la dot de la femme, ne serait pas un remploi suffisant et ne mettrait pas l'acquéreur à l'abri de l'éviction. En Normandie, la vente une fois faite, les époux demandent au tribunal l'autorisation d'employer le prix à acquitter les dettes hypothécaires. Après l'autorisation obtenue, sur le refus de l'acquéreur de payer le prix, intervient un jugement contradictoire qui le condamne au paiement; mais l'acquéreur ne supporte pas les frais du procès, car ses inquiétudes sur la validité de son paiement sont parfaitement justifiées, et le procès n'a lieu que parce que la femme dotale ne s'est pas strictement conformée aux clauses de son contrat de mariage. (Sir. 52, 2, 440.)

IX. La femme doit retrouver dans le remploi des biens de même nature et au moins de même valeur que les biens aliénés. Il est donc nécessaire, nous dit la cour de Caen. (Sirey, 39, 2, 186) que les frais et loyaux coûts faits pour acquérir l'immeuble donné en remploi, restent à la charge de l'acquéreur du bien dotal sans pouvoir être par lui imputés sur son prix, puisque autrement il y aurait diminution de la dot et amoindrissement d'autant plus grand qu'il y aurait plus de ventes et remplois successifs du bien dotal. Celui-ci ne serait plus conservé en entier.

On s'était déjà occupé de cette question sous l'ancienne jurisprudence. Voici ce que dit Salviat (v° Dot, p. 408) : « Lorsque le mari, autorisé à vendre, à charge d'emploi, acquiert en remplacement, les frais de mutation de cette acquisition doivent-ils être supportés par la femme? Cette difficulté est sérieuse.

« D'une part, on peut dire que, par la vente et le remploi, le mari ne profite de rien, et que, si on mettait à sa charge les frais de mutation, on prendrait, ou sur ses biens ou sur les fruits des biens dotaux auxquels il a droit, des sommes qui lui appartiennent : ce qui ne serait pas juste.

» D'une autre part, on peut observer que l'immeuble acquis en remplacement n'est jamais réputé valoir le prix intrinsèque, sans égard aux frais de mutation; il ne l'aurait été que sur sa valeur d'après son produit effectif, indépendamment des frais de mutation. »

Ces motifs peuvent être combattus. Il est difficile de transformer des valeurs mobilières en valeurs immobilières, sans leur faire éprouver une réduction. Mais les avantages attachés à la possession des immeubles compensent largement cette diminution que l'on ne pourrait, sans inexactitude, appeler une perte. Ne peut-on pas dire d'ailleurs que la femme, en achetant, a calculé les frais et et loyaux coûts du contrat et qu'elle n'a certainement pas manqué de les faire entrer en ligne de compte pour obtenir une diminution sur les prix? Remarquons, en outre, que dans le régime de communauté où on cherche rigoureusement aussi à établir les comptes de manière que la femme ne puisse pas éprouver de perte, les frais d'achat de l'immeuble acquis en remploi sont à sa charge. Nous ne voyons pas de raison pour décider autrement sous le régime dotal.

Est-ce que s'il s'agissait d'un simple emploi de deniers dotaux, les frais d'acquisition ne seraient pas à la charge de la femme? Pourquoi en serait-il autrement quand il s'agit d'un remploi? Est-ce que l'on conteste que dans le cas d'échange les frais doivent être pour moitié à la charge de la femme et pour moitié à la charge de son co-permutant? D'ailleurs la femme doit subir les conséquences naturelles et légales des clauses d'emploi ou de remploi qu'elle a insérée dans le contrat de mariage. Art. 1593 (Troplong 3428).

X. Il n'est pas nécessaire que le remploi ait lieu immédiatement. Il serait rare d'ailleurs que le mari trouvât au même moment une bonne occasion de vendre et une bonne occasion d'acheter. La Cour de Nîmes a même jugé, et avec raison, croyons-nous, que s'il a été fixé un délai par le contrat de mariage pour effectuer le remploi; le remploi peut néanmoins être fait utilement après son expiration. La Cour donne pour motif que l'autorisation de vendre *étant toujours subsistante*, il dépend de la venderesse de ratifier l'aliénation en acceptant le remploi, car rien ne l'empêcherait de faire une nouvelle vente (Sir. 43, 2, 73).

Après la séparation de biens, le mari ayant perdu tous ses pouvoirs ne peut plus opérer le remploi.

Rien n'empêcherait alors la femme de le faire elle-même, autorisée de son mari ou de justice.

Si le remploi n'a pas été fait avant la séparation de biens, l'acquéreur peut encore se soustraire à l'obligation de délaisser, par l'offre de payer son prix pour opérer le renvoi. L'immeuble dotal pouvait être aliéné à charge de remploi, on offre à la femme les moyens de faire ce remploi, quelle raison peut-elle donner pour s'y refuser? (Rodière et Pont III, 1844; Sir. 48, 2, 721 ; Contra : Benech, op. cit. 88, Sir. 41, 2, 56).

Le remploi doit être fait pendant le mariage. Si toutes les opérations nécessaires à la validité ne sont pas accomplies à l'époque de la dissolution du mariage, la femme ne peut plus les terminer et l'acquéreur ne peut plus échapper aux conséquences de l'action en nullité, si la femme veut l'exercer. On comprend très-bien le motif de cette décision : l'immeuble acquis en remploi n'étant pas dotal, serait atteint par des créanciers qui n'auraient pas eu d'action sur l'immeuble vendu, ce dernier, qui seul peut être protégé, doit donc rentrer dans le patrimoine de la femme.

Le remploi peut être opéré par anticipation. La Cour de cassation qui accepte cette doctrine, la motive en disant : « qu'interdire la faculté de payer l'immeuble que la femme acquiert avec le prix à provenir d'un autre immeuble qu'il se propose d'aliéner, ce serait rendre le remploi difficile et enlever à la femme l'occasion de faire une acquisition avantageuse. « (Sir. 55, 1,353 ; 59, 2, 5).

XI. Les formes de l'emploi ou du remploi sont les mêmes que sous le régime de communauté. Le mari doit déclarer dans l'acte même que l'acquisition est faite des deniers dotaux ou des deniers provenant de la vente du fonds dotal. Le mari en insérant cette clause dans l'acte ne fait pas à sa femme une simple pollicitation, il se porte son gérant d'affaires : aussi sommes-nous partisans de la doctrine qui ne lui reconnaît pas le pouvoir de revenir sur ce qu'il a fait. Il est bien certain, en effet, que le mari n'a pas entendu acheter pour lui-même, mais bien pour sa femme. Or, le gérant d'affaires n'est pas libre de revenir sur les actes qu'il a consentis au nom d'un tiers : ce dernier seul a le droit de ratifier ou de ne pas ratifier ce qui a été fait en son nom, et s'il ratifie, cette ratification produit un effet rétroactif au jour même des actes passés par le gérant. Cela une fois établi, il nous est facile d'en conclure que l'offre de remploi faite par le mari restera en suspens jusqu'à ce que la femme l'ait acceptée. Or la femme peut accepter le remploi tant que dure le mariage ; le législateur lui a accordé cette faculté afin qu'elle ne soit point facilement trompée par son mari qui, de concert avec le vendeur, aurait peut-être été tenté de lui donner en remploi un immeuble d'une valeur inférieure à celle du fonds aliéné. Si la femme n'accepte pas l'offre, le mari reste propriétaire définitif du bien offert ; si elle l'accepte, elle sera propriétaire du jour de l'acquisition faite par le mari.

Le fonds acquis en remploi d'un immeuble dotal stipulé aliénable à condition de remploi est lui-même aliénable sous la même condition.

Légales. — I. Avec l'autorisation de son mari, et s'il la refuse, avec celle de justice, la femme peut donner ses immeubles dotaux pour l'établissement de ses enfants du premier lit. Nous pensons que la femme peut aussi, dans ce but aliéner ses immeubles dotaux. En effet, si nous admettons qu'elle ne le peut pas et que d'un autre côté l'enfant à établir a besoin d'argent, celui-ci vendra l'immeuble donné ; pourquoi ne pas permettre à la mère de faire elle-même cette aliénation ? On évitera des frais. Mais voici l'objection que l'on nous fait : s'il n'est point permis à la mère d'aliéner ses immeubles dotaux, l'enfant donataire étant tenu au rapport, les droits réels créés par lui seront anéantis s'il fait le rapport en nature ; et s'il y a lieu à réduction, les tiers acquéreurs qui tiennent du donateur la propriété ou des droits réels, sont exposés aux conséquences de l'action en réduction. (M. Colmet de Santerre, t. VI, p. 482). Quelle que soit la force de ces considérations, nous persistons néanmoins à croire que la femme dans le cas qui nous occupe peut aliéner et même hypothéquer le fonds dotal. Le mot « donner » employé dans l'art. 1555 est à notre sens une expression générique qui embrasse l'idée de vente et d'hypothèque. L'établissement d'un enfant, dans l'esprit du législateur, est une circonstance qui commande à un si haut degré une exception au principe de l'inaliénabilité dotale, que l'intervention du juge n'est pas même nécessaire, l'autorisation du mari suffit. Ce serait gêner et rendre illusoire, l'exercice du droit conféré par la loi que de le restreindre dans l'étroite limite d'une donation du fonds dotal : « Le pouvoir de donner peut donc s'exercer par tous les moyens directs ou indirects de nature à faciliter un but aussi pieux que celui dont il s'agit. »

Par établissement, on doit entendre non-seulement l'établissement par mariage, mais encore toute sorte d'établissement de nature à procurer aux enfants des moyens d'existence qui les rendent indépendants de leurs parents. Ainsi la femme peut donner ses biens dotaux pour l'acquisition d'une étude de notaire, d'avoué, même pour racheter son enfant du service militaire, et aujourd'hui pour lui permettre de profiter du volontariat d'un an, pour le cautionner, s'il embrasse une profession qui exige un cautionnement. Par enfants, il faut entendre même les petits enfants, que l'enfant du premier lit soit ou non prédécédé.

Quand il s'agit d'enfants communs l'autorisation du mari est absolument nécessaire et ne peut être suppléée par celle de justice (1556). Remarquons que l'autorisation de justice, quand le mari refuse la sienne pour l'établissement des enfants du premier lit, ne peut porter atteinte aa droit de jouissance du mari.

II. Nous arrivons aux cas où l'aliénation n'est permise qu'avec l'autorisation de justice, alors même que le mari donne son aurorisation. Si le mari la refuse, l'intervention de la justice aura un double objet : habilitation de la femme en vertu des règles sur l'incapacité des femmes mariées, tout en respectant, bien entendu, le droit de jouissance du mari, restitution à la femme du droit d'aliénation dont le régime sous lequel elle s'est mariée l'a dépouillée.

Nous pensons encore ici que le droit d'hypothéquer résulte du droit d'aliéner ; d'ailleurs dans bien des cas l'aliénation sera pour la femme plus dangereuse et plus préjudiciable que l'hypothèque. Il suffit de supposer que la somme dont elle a besoin est de beaucoup inférieure à la valeur de l'immeuble à aliéner.

Outre l'autorisation de justice l'aliénation ne peut se faire qu'avec certaines formalités (1558).

III. La première exception que nous présente l'art. 1558 a perdu presque toute importance depuis la loi de 1867 abolitive de la contrainte par corps. Elle peut cependant s'appliquer encore pour le paiement des amendes, restitutions, dommages et intérêts résultant de condamnations en matière criminelle, correctionnelle ou de simple police.

IV. Si grande que soit la faveur de la dot, elle cède devant les besoins de la famille. Le but de la dot n'est pas seulement de préparer l'avenir, mais aussi et surtoue de subvenir aux nécessités du présent. C'est là la justification du deuxième alinéa de l'art. 1558 : « l'aliénation est permise pour fournir des aliments à la famille dans les cas prévus par les art. 203, 205, 206. » Le mot « aliments » est pris dans un sens large et comprend toutes les choses nécessaires à la vie, ainsi que les frais indispensables à l'éducation des enfants. Les tribunaux peuvent commettre une tierce personne, un avoué par exemple qui donnera l'argent aux époux au fur et à mesure de leurs besoins, lorsqu'il y aura à craindre qu'ils ne détournent de sa destination l'argent mis à leur disposition. (Troplong, 3452.)

V. L'immeuble dotal peut encore être aliéné pour payer les dettes de la femme antérieures au contrat de mariage. Le mariage n'a pu changer la situation de la femme vis-à-vis de ses créanciers. La femme est restée propriétaire de sa dot, la jouissance seule en a été aliénée, ses créanciers ont donc le droit de saisie. Ils devront respecter le droit de jouissance du mari, à moins que la femme ne se soit constitué tous ses biens en dot. Dans ce dernier cas, le mari devrait souffrir la déduction des dettes, car il est dans la situation d'un usufruitier universel ou à titre universel.

Si la dot consiste en tels ou tels objets non affectés d'une hypothèque, les créanciers ne peuvent saisir que la nue-propriété de ces biens dotaux. Les créanciers porteurs de titres exécutoires n'ont pas besoin de s'adresser à la justice pour faire saisir les biens dotaux de la femme. L'autorisation de justice n'est nécessaire que lorsque les époux veulent prévenir les poursuites en payant. Dans ce cas les dettes doivent avoir une date certaine antérieure au contrat de mariage. Quelques auteurs ont pensé et quelques arrêts ont décidé qu'il ne fallait pas prendre notre texte à la lettre et qu'il suffisait que les dettes eussent une date certaine antérieure au mariage. Telle n'est point notre opinion. La loi se trouvait ici en présence de l'intérêt du mari et de celui des créanciers. Il fallait sacrifier l'un ou l'autre. Notre texte nous prouve qu'elle s'est prononcée en faveur du mari, contrairement à ce qu'elle avait décidé dans l'art. 1410. On comprend la raison de cette différence : dans le régime de communauté il y a une fusion d'intérêts et de droits qui n'existe nullement dans le régime dotal. « Qui épouse la femme, épouse les dettes, voilà le principe de la communauté; séparation des patrimoines, voilà l'esprit du régime dotal.

Ce n'est pas seulement pour payer les dettes de la femme que l'autorisation d'aliéner les immeubles dotaux peut être obtenue : la justice peut l'accorder encore pour payer les dettes de celui qui a doté la femme, toujours à condition qu'elles auront acquis date certaine avant le contrat de mariage.

VI. Lorsque la dot a été constituée par les parents de la femme ou par un étranger, il est bien certain qu'il n'y a rien de changé au droit des créanciers hypothécaires du constituant. Ils peuvent toujours, s'ils ne sont pas payés à l'échéance, saisir la pleine propriété du fonds dotal. En est-il de même des créanciers chirographaires ? Ici, il faut faire une distinction. Si le constituant a donné en dot la totalité ou une quote part de ses biens, les créanciers chirographaires peuvent saisir les biens dotaux pour la pleine propriété : *Non sunt bona nisi deducto œre alieno.* Mais que faudra-t-il décider si le constituant n'a donné en dot qu'un objet particulier : les créanciers chirographaires pourront-ils saisir ce fonds devenu dotal ? il est bien certain qu'ils devront établir la fraude du constituant (1167), mais devront-ils prouver que la femme a été complice de la fraude ? Et enfin s'ils veulent s'attaquer au droit d'usufruit du mari, faudra-t-il qu'ils établissent aussi sa complicité ? En d'autres termes, la constitution de dot est-elle un acte à titre gratuit ou à titre onéreux ?

Nous pensons que la constitution, de dot, au point de vue de l'action paulienne, doit être |traitée comme un acte à titre onéreux, aussi bien à l'égard de la femme qu'à l'égard du mari. Nous voyons, en effet, dans le droit romain, que celui *qui certat de damno vitando* n'est point soumis, à l'action paulienne, s'il n'a point connu, bien entendu, la situation du donateur, tandis que celui *qui certat de lucro captando* y est toujours soumis. Peut-on dire que les époux ne sont pas dans la situation de celui *qui certat de damno vitando ?* Certains jurisconsultes romains disaient bien, il est vrai, que pour agir contre la femme, les créanciers du constituant n'avaient pas besoin d'établir qu'elle avait été *conscia fraudis*, mais Venuléius qui mentionne cette doctrine a bien soin de faire remarquer qu'elle était loin d'être admise par tout le monde : *quidam existimant*. En droit romain, la majorité des auteurs considéraient que vis-à-vis de la femme la constitution de dot fait par un tiers était un contrat à titre onéreux (L. L. 6 § 11, 25, § 1. D. L. 42, t. VIII).

Dans le système soutenu par MM. Demolombe, Aubry et Rau où l'on accorde l'action paulienne contre la femme après la dissolution du mariage, mais non point contre le mari, on aboutit à une injustice et à une distinction injustifiable. L'injustice consiste en ce que l'on poursuit la femme devenue veuve, quand elle a seule toutes les charges du ménage. D'un autre côté, si l'on suppose le mari doté au lieu de la femme, l'action sera donnée. Pourquoi cette différence?

On nous dit que c'est bien une donation puisque nous appliquons les règles du rapport, de la réduction, etc... Oui, mais les époux ont dû prévoir ces chances de révocation, et elles ont dû entrer dans leurs calculs. Les époux ne peuvent pas plus prévoir la mauvaise foi du dotateur que l'un d'eux ne peut prévoir l'ingratitude de son conjoint (M. Demangeat, C. de droit romain, II. p. 529).

Nous pouvons encore moins admettre l'opinion qui considère la constitution de dot comme un acte à titre gratuit, aussi bien à l'égard du mari qu'à l'égard de la femme.

Mais la femme, alors même qu'elle n'est pas exposée à des poursuites, peut avoir à cœur de payer les dettes de ceux qui ont constitué la dot, c'est alors que la justice intervient et considère s'il est de l'intérêt et surtout de l'honneur de la famille, d'autoriser l'aliénation de la dot pour arriver à ce but.

Le fonds dotal peut aussi être aliéné pour faire de grosses réparations indispensables à la conservation de la dot immobilière.

VII. La loi n'a eu en vue, en établissant le principe de l'inaliénabilité dotale, que les aliénations volontaires; elle ne pouvait mettre obstacle aux aliénations nécessaires et d'ordre public. Lorsque la femme dotale se trouve dans l'indivision et que le partage en nature est possible, peut-elle, avec l'autorisation de son mari, procéder à un partage amiable? Nul n'est tenu de rester dans l'indivision, la femme dotale peut donc demander de la faire cesser. Nous ne voyons pas alors quel intérêt il y aurait à lui imposer les frais et les longueurs d'un partage judiciaire. Nous ne voulons pas trop nous appuyer sur l'art. 883, dont la portée est l'objet de vives controverses; mais nous invoquerons l'art. 838 qui, énumérant les cas où un partage en justice est nécessaire, ne prévoit nullement l'hypothèse où une femme dotale est au nombre des co-partageants. L'art. 1558 que l'on invoque contre nous,

nous paraît, au contraire, confirmer notre décision, puisqu'il n'exige l'intervention de la justice que lorsque l'immeuble dotal est impartageable.

L'intervention de la justice n'est donc nécessaire que lorsque l'immeuble dotal est impartageable et qu'il s'agit de procéder à une licitation. Quand la licitation est demandée, l'intervention de la justice a uniquement pour but de constater que l'immeuble indivis est impartageable, et non pas d'habiliter la femme à en poursuivre le partage : car ainsi que nous l'avons dit, la femme dotale n'est pas plus qu'une autre personne tenue de demeurer dans l'indivision.

Un immeuble dotal indivis avec des tiers, ou même entre les époux, est reconnu impartageable, (art. 1558) et est licité, suivant les formes prescrites par l'art. 997 du Code de procédure. Plusieurs hypothèses sont à considérer :

L'immeuble est adjugé à la femme. L'immeuble ne sera dotal que pour la part de la femme, suivant ce qui a été établi par son contrat de mariage; il sera paraphernal pour le reste.

Si c'est le mari qui se rend adjudicataire, sans mandat de la femme, nous nous trouvons régis par l'art. 1408 qui donne à la femme une option qu'elle peut exercer pendant le mariage. Avant l'option qu'elle peut faire, c'est le prix représentant sa part dans l'immeuble dotal qui est dotal; après l'option, l'immeuble sera dotal pour la part qu'elle y avait avant l'adjudication.

VIII. Enfin quand c'est un tiers qui se rend ad-Judicataire, la portion du prix qui revient à la femme est dotale et il doit en être fait emploi.

Il devra également être fait emploi, comme nous le dit le dernier alinéa de l'art. 1558, de l'excédant du prix de la vente au-dessus des besoins reconnus, dans les différents cas d'aliénation déterminés par cet article.

L'emploi se fera en immeubles ou en actions de la Banque de France, ou bien encore en rentes sur l'Etat, ainsi que nous l'avons déjà dit, en parlant des emplois ou remplois imposés par le contrat de mariage. Ici aussi, le débiteur de la somme à employer, c'est-à-dire l'adjudicataire, sera tenu de surveiller l'emploi des fonds. Il pourra refuser le paiement tant qu'on ne lui aura pas justifié d'un remploi régulier, sous peine de se voir obligé de payer une seconde fois.

L'immeuble acquis en remploi devient dotal. l.'art. 1553 dit bien que l'immeuble acquis des deniers dotaux n'est pas dotal, mais il prévoit une toute autre hypothèse que celle dans laquelle nous nous trouvons. L'art. 1553 veut parler du cas où la dot, mobilière à l'origine, se transformerait en dot immobilière par la seule volonté des époux et en dehors des clauses du contrat de mariage. Mais ici il s'agit, au contraire, de rendre, autant que possible, à la dot son caractère primitif de dot immobilière.

Dans les divers cas prévus par l'art. 1553, l'aliénation ne peut donc avoir lieu qu'avec l'autorisation de justice, aux enchères et avec trois affiches dans les lieux indiqués par l'art. 699 du Code de procédure. La demande d'autorisation devra être adressée au tribunal du domicile de la femme. Comme dans le cas particulier d'adjudication à la suite de licitation, l'adjudicataire fera bien de ne pas payer entre les mains des époux, car il ne sera définitivement libéré que lorsque le prix aura été véritablement employé à payer les dépenses prévues par le jugement.

Si le prix de vente excède les besoins reconnus, il en sera fait emploi, d'après les règles que nous avons exposés.

IX. L'immeuble detal peut âtre échangé sous certaines conditions. Le consentement des deux époux est nécessaire : celui de la femme parce qu'elle est propriétaire; celui du mari, parce qu'il est administrateur de la dot et que d'un autre côté l'échange est un acte d'aliénation et d'acquisition que la femme ne peut faire sans l'autorisation de son mari.

L'autorisation du mari ne peut être suppléée par celle du tribunal.

L'immeuble acquis en échange doit être de même valeur pour les quatre cinquièmes au moins. Il sera fait remploi de la différence. Si l'immeuble dotal échangé est d'une valeur inférieure à l'autre, celui-ci ne sera dotal que jusqu'à concurrence de la valeur de l'immeuble échangé, il sera paraphernal pour le reste.

Le fonds dotal peut être exproprié pour cause d'utilité publique.

X. La loi du 10 juillet 1850 a voulu remédier à un grave inconvénient qui se présentait trop souvent. Voici ce qui se passait : une femme mariée sous le régime dotal voulait emprunter de l'argent ou aliéner un immeuble dotal, elle se faisait autoriser par son mari et déclarait à son cocontractant qu'elle était mariée sans contrat. Celui-ci ne pouvant se renseigner sur ce point était bien obligé de s'en rapporter a son affirmation. Plus tard la femme exhibait son contrat de mariage établissant le régime dotal. D'après la loi de 1850 qui modifie l'art. 75 du Code civil, l'officier de l'Etat civil que reçoit un acte de mariage, doit interpeller les futurs époux ainsi que les personnes qui autorisent le mariage, si elles sont présentes, d'avoir à déclarer s'il a été fait un contrat de mariage, et, dans le cas de l'affirmative, la date de ce contrat, ainsi que les noms et lieu de résidence du notaire qui l'a reçu. Cette interpellation et les réponses qui y sont faites doivent être relatées dans l'acte de mariage, sous peine, contre l'officier de l'Etat civil, d'une amende qui ne pourra excéder cent francs et qui sera prononcée par le tribunal civil, (art. 50 et 76).

De son côté, le notaire qui reçoit un contrat de mariage, doit donner aux parties lecture de l'art. 1391 en entier et leur délivrer un certificat sur papier libre et sans frais énonçant ses noms et lieu de résidence, les noms, qualités et demeure des futurs époux ainsi que la date du contrat ; ce certificat doit indiquer, en outre, qu'il doit être remis à l'officier de l'Etat civil avant la célébration du mariage. Les futurs sont donc bien prévenus de l'obligation qui leur est imposée de déclarer à l'officier de l'Etat civil s'il a été fait un contrat de mariage et par qui il a été reçu. Cette obligation a une sanction sérieuse dans l'art. 1391 modifié par la loi de 1850. Si la femme s'est mariée sous le régime dotal et qu'elle ait déclaré à l'officier de l'Etat civil qu'elle n'avait point fait de contrat, elle sera réputée à l'égard des tiers, capable de contracter dans les termes du droit commun, c'est-à-dire qu'elle ne pourra pas invoquer contre eux les priviléges du régime dotal. Nous supposons naturellement que la femme ac ontracté avec l'autorisation de son mari ; s'il en était autrement, elle aurait toujours le droit de faire annuler l'acte par elle fait : il lui suffirait d'invoquer l'art. 217.

RESTITUTION DE LA DOT

I. A qu'elle époque doit être restituée la dot ? Le Code semble avoir uniquement pensé au cas de dissolution du mariage. Cependant il est certain qu'il faut y ajouter le cas de séparation de biens. La dot devient également exigible lorsque l'absence de l'un des deux époux a été déclarée. La restitution, dans ce cas, n'est pas défiinitive

Sauf les dispositions particulières de la loi, comme dans les articles 1555, 1556, 1558, la restitution anticipée de la dot ne serait pas libératoire pour le mari. Il en éiait ainsi dans l'ancien droit. On s'appuyait sur la loi 73, P. 1. *De jure dotium* D. On est encore aujourd'hui généralement d'accord sur ce point.

Quand le mari doit rendre *in specie*, c'est-à-dire lorsqu'il n'est pas devenu propriétaire, la restitution doit être immédiate; s'il doit rendre en valeur, la loi lui accorde un délai d'un an. Le motif de la distinction est facile à saisir. Le mari qui a reçu des corps certains est en faute s'il ne les a plus. On comprend, au contraire, que le mari, ne pouvant pas prévoir la dissolution du mariage, n'ait pas à sa disposition, en ce moment, les fonds nécessaires pour opérer la restitution des sommes reçues en dot.

Le mari jouira encore du délai d'un an, s'il a reçu créance dont le montant a été payé à l'échéance, avant la dissolution du mariage. Le mari rendra les choses, dont la propriété est restée à la femme, dans l'état où elles se trouvent; si ces choses n'existent plus, il est libéré, en prouvant que la détérioration ou la perte ont eu lieu sans sa faute.

II. Nous ferons, en passant, une observation. La loi suppose dans les articles 1564 et 1565, que le mari doit toujours avoir à sa disposition, au moment de la dissolution du mariage, les meubles de la femme, rentes, créances, etc., dont elle est restée propriétaire. Il est difficile de concilier avec les dispositions de ces articles, les décisions de la jurisprudence qui donnent au mari le droit d'aliéner ces meubles. La loi devrait distinguer, quant au délai de restitution, entre les meubles aliénés par le mari et ceux qu'il a conservés.

Quelle que soit la composition de la dot, la restitution doit avoir lieu immédiatement, s'il intervient une séparation de biens. La séparation de biens a lieu, en effet, pour retirer au mari l'administration de la fortune de la femme. Il en sera ainsi, et pour ce motif, alors même que la femme n'aurait pas attendu la déconfiture complète du mrri et qu'il n'y aurait pas lieu d'appliquer l'article 1188. Quant à la séparation de biens résultant de la séparation de corps, nous ne voyons pas de raison pour enlever au mari le délai ordinaire.

III. On applique généralement, quant à l'étendue de la restitution, les règles de l'usufruit : si la femme est demeurée propriétaire, les risques sont pour elle; dans le cas contraire pour le mari. Il y a cependant une exception relative aux linges et hardes de la femme. Que les linges et hardes à l'usage de la femme au moment de la restitution aient été apportés par elle ou achetés depuis le mariage par le mari, qu'il y ait eu ou non estimation, la femme peut dans tous les cas les reprendre. Il y a cependant une distinction à faire pour le cas où il y aura eu estimation. La femme dans cette hypothèse, nous dit l'article 1566, devra précompter la valeur des linges et hardes, c'est-à-dire que si les linges et hardes existant au moment de la restitution sont d'une valeur inférieure à la valeur des linges et hardes apportés par la femme, le mari paiera la différence ; si la valeur est au contraire supérieure, la femme fera un bénéfice. Cette disposition est tout à fait à l'avantage de la femme. Il est bien entendu que les droits des héritiers réservataires ne doivent pas être atteints.

Si la dot comprend des créances contre un débiteur qui n'a pas payé, le mari, en admettant qu'il n'y a pas de négligence à lui reprocher, se libérera en restituant les titres. En parlant d'un droit qui a péri, le législateur avait en vue le cas de mesures législatives anéantissant un droit. Ce qui rend probable cette explication, c'est que les créanciers de l'Etat avaient vu leurs créances réduites des deux tiers sous la Révolution.

Quand la dot consiste en un droit d'usufruit. le mari se libère en restituant le droit d'usufruit. C'est ainsi que s'exprime l'art. 1568 ; en d'autres termes, le mari a l'usufruit de l'usufruit, ou l'usufruit de la rente viagère. (Le Code ne parle pas de rente viagère, mais les principes sont les mêmes.) Le mari a perçu les fruits ou touché les annuités jusqu'au moment de la restitution, il les gardera. Si la femme vient à mourir pendant le mariage, l'usufruit s'éteint et le mari n'a rien à restituer.

IV. La femme doit prouver qu'elle a apporté une

dot et la consistance de cette dot. Tel est le principe qui doit nous régir en l'absence de textes particuliers, la loi ne statuant dans l'art. 1589 que sur un cas spécial.

Lorsque c'est la femme elle-même qui a fourni la dot et que cette dot dépasse 150 francs, la femme devra rapporter une quittance fournie par le mari.

Si la dot a été constituée par un tiers, comme la femme n'a pu demander de quittance, la preuve pourra être faite de toute manière.

Lorsque la dot comprendra un ensemble de biens présents et à venir, la preuve de la consistance de la dot pourra être faite par témoins, et même par commune renommée. Nous ne distinguerons pas entre les meubles apportés en mariage par la femme et ceux qui lui sont échus pendant le mariage. Le mari est en faute de n'avoir pas fait inventaire.

Dans un cas particulier la femme est dispensée de fournir la preuve. L'art. 1569 est ainsi conçu : « Si le mariage a duré dix ans depuis l'échéance des termes pris pour le payement de la dot, la femme ou ses héritiers pourront la répéter contre le mari après la dissolution du mariage, sans être tenus de prouver qu'il l'a reçue, à moins qu'il ne justifiât de diligences inutilement par lui faites pour s'en procurer le payement. » On peut donner deux motifs de cette disposition. Le premier est fondé sur une présomption de payement. L'échéance est arrivée depuis dix ans, il est à présumer que le mari s'est fait payer. Le second est basé sur une présomption de négligence. Le mari est en faute de n'avoir pas exigé le payement et la femme ne doit pas souffrir de sa négligence.

Recherchons l'origine de notre article, et nous verrons quelle est, de ces deux explications celle que nous devons choisir. Les parlements de Toulouse et de Paris admettaient la règle de l'art. 1569, mais avec des caractères différents. Le parlement de Toulouse la rattachait à la loi 33, t. 3, l. 23. D. Cette loi établissait en principe la responsabilité du mari qui avait négligé de se faire payer la dot. Le terme de dix ans avait été emprunté à la Novelle 100 L. 3. C. L. 5. T. 15. Cette loi se référait à l'exception *non numeratæ pecuniæ* dans son application à la dot. Le mari ne pouvait invoquer cette exception quand le mariage avait duré dix ans.

Le parlement de Paris admettait ce délai de dix ans; mais ses arrêts se rattachant uniquement à la Novelle 100, avaient converti la règle romaine en une présomption de payement, quoique l'on ne se trouvât pas dans l'hypothèse de la Novelle. Le parlement de Paris tirait cette conséquence que après dix ans le constituant était réputé libéré. Cette jurisprudence avait été combattue par les auteurs et repoussée dans une conférence des avocats de 1712. Le parlement de Paris finit par se rallier à la jurisprudence du parlement de Toulouse.

Le sens de notre article est donc que le mari étant en faute, il doit être responsable vis-à-vis de la femme. Il a toujours le droit de poursuivre le constituant. Cette interprétation d'ailleurs se trouve confirmée par la fin de l'article qui demande simplement au mari la justification de diligences inutilement par lui faites pour se procurer le paiement. On lui demande uniquement de ne pas être négligent, on n'exige pas des poursuites judiciaires. Il n'est donc pas question de prescription. D'un autre côté, il ne lui suffirait pas de prouver d'une façon évidente qu'il n'a pas reçu la dot. Il n'y a donc pas de présomption de paiement.

Nous avons implicitement supposé que la dot ayait été promise par un tiers. Il en sera autrement si elle a été promise par la femme. La femme, en effet, ne pourra opposer au mari une présomption de négligence, quand c'est elle-même qui est débitrice. Remarquons d'ailleurs que si l'on accordait à la femme le même droit, lorsque la dot a été promise par elle-même, que lorsqu'elle a été promise par un tiers, comme l'article 1569 n'enlève pas au mari le droit de poursuivre le constituant, le mari dirait à sa femme : « Je vais vous restituer la dot, mais comme je ne l'ai pas reçue, je vais vous en réclamer le paiement, puisque c'est vous qui l'avez promise ».

Il en sera de même si la femme est héritière du constituant, car ce qu'elle réclame comme femme, elle le doit comme héritière.

V. Si le mariage est dissous par la mort de la femme, l'intérêt et les fruits de la dot courent de plein droit au profit des héritiers depuis le jour de la dissolution. Cette exception au principe de l'article 1153 se justifie facilement. Le mari, en effet, aura souvent d'après la loi, un an pour se libérer. D'un autre côté comme il n'avait la jouissance qu'à raison des charges du ménage, cette jouissance doit cesser en même temps que les charges.

La fin de l'article 1570 donne à la femme relativement à ses habits de deuil le même droit que sous les autres régimes. Quant à l'habitation, elle a droit à une année, tandis que la femme commune n'y a droit que pendant l'inventaire. Cela tient à une différence entre les pays de coutume et les pays de droit écrit.

La femme a le choix d'exiger ses intérêts pendant l'an de deuil ou de se faire fournir des aliments pendant ce temps au dépens de la succession du mari. C'est encore une différence avec la femme commune. Mais la loi ne parle pas ici des fruits comme elle en parlait au commencement de l'article. Faut-il en conclure qu'en sacrifiant les intérêts des créances dotales, quelquefois sans importance, la femme pourra à la fois percevoir les fruits de ses immeubles et exiger des aliments ? Il n'est pas probable que telle soit l'intention du législateur. Il faut donc dire que lorsque la femme aura opté pour les aliments, les fruits appartiendront aux héritiers du mari comme compensation. Dans ce cas les héritiers du mari ne seront pas tenus à la restitution immédiate des immeubles qui ne seront pas loués ou affermés. (M. Colmet de Santerre, page 549).

VI. Comment se partageront les fruits de la dernière année ? La loi a adopté ici le système du droit romain et des pays de droit écrit. Les fruits, étant destinés à subvenir aux charges du mariage, se partageront entre le mari et la femme, à proportion de la durée du mariage. Les fruits naturels sont assimilés aux fruits civils. C'est une dérogation aux règles de l'usufruit. Le principe est celui-ci : A chaque année complète du mariage correspond une récolte entière. S'il y a dans la dot des immeubles produisant plusieurs récoltes, ces différentes récoltes seront réunies. Si le mariage a duré plusieurs années plus une fraction d'année, dix ans et trois mois, par exemple, le mari aura droit à dix récoltes plus le quart de la onzième. S'il s'agit de récoltes ayant lieu à de très longues périodes, v. g., tous les vingt ans, (il peut en être ainsi si la dot comprend des bois), on considérera la série d'années qui séparent une récolte de l'autre comme une unité dont chaque année est une fraction. Ainsi si le mariage a duré cinq ans, et que la récolte ait lieu tous les vingt ans, le mari aura droit aux cinq vingtièmes de la récolte.

Le mari fait une récolte peu de jours après le mariage ; il donne ensuite l'immeuble à bail et dans la même année le mariage est dissous ; comment se fera le partage ? La récolte des fruits naturels correspond à la première année du mariage, le bail fait ensuite par le mari n'est autre chose que la cession anticipée de la récolte de l'année suivante. Par conséquent, si le mariage a duré trois mois ou quatre mois, nous donnerons au mari le quart ou le tiers de la récolte naturelle, et nous ne lui attribuerons rien des fermages.

L'article 1572 abolit le privilége accordé à la femme par Justinien, privilége qui s'était conservé dans les pays de droit écrit avec certaines modifications. La femme n'a que son hypothèque légale.

VII. L'article 1573 déroge aux règles du rapport dans une hypothèse spéciale. Lorsque la fille dotée a épousé un homme qui était déjà insolvable lors de la constitution de dot, et qui n'avait à cette époque ni métier, ni profession qui pût lui tenir lieu de biens, elle n'est tenue, soit que la dot ait été seulement diminuée, soit qu'elle ait entièrement péri, que de rapporter l'action qu'elle a contre son mari. Le motif de cette exception est évident. Le père a eu tort de marier sa fille à un homme qui présentait si peu de garanties. Le droit commun reprend son empire, si le mari n'est devenu insolvable que depuis le mariage.

La loi ne parle que du père, mais nous ne voyons pas de raison qui nous empêche d'étendre l'exception à tout autre constituant, les motifs sont les mêmes : la loi a parlé *de eo quod plerumque fit.*

Nous n'avons pas à résoudre la question de savoir si l'article 1573 est applicable sous les autres régimes.

DES BIENS PARAPHERNAUX

Tous les biens de la femme qui n'ont pas été constitués en dot sont paraphernaux (art. 1574).

I. Le système de la paraphernalité fut imité des Grecs par les Romains. Tout le monde ne l'accueillit pas avec faveur à Rome. Écoutons ce que disait Caton : « Autrefois l'épouse apportait une belle dot à son mari ; aujourd'hui elle garde pour elle de grosses sommes qu'elle ne confie pas à la puissance maritale, mais elle les prête à son mari moyennant intérêt : puis, quand elle est de mauvaise humeur, elle envoie son esclave poursuivre et tourmenter le malheureux mari. » (*Aulu-Gelle*, 17, 6.)

Le mari à Rome n'avait aucun droit sur les biens paraphernaux de sa femme.

Dans les Gaules où s'introduisit aussi l'usage des paraphernaux, on donnait à ces biens le nom de *peculium*.

Nos pays de droit écrit permirent aussi à la femme de se constituer des paraphernaux.

II. Nous avons dit avec le Code que tous les biens de la femme qui n'étaient pas dotaux étaient paraphernaux. Ainsi sont paraphernaux, pour tout ou pour partie, les biens acquis à titre onéreux, soit conjointement par le mari et la femme, soit par la femme seule, sauf, bien entendu, le cas de subrogation à des biens dotaux.

III. Examinons les droits de la femme sur les biens paraphernaux. Les biens paraphernaux, sous le régime dotal, se trouvent dans la même situation que les biens appartenant à la femme séparée de biens. La femme en a l'administration et la jouissance. Ainsi, elle peut, sans autorisation de son mari, recevoir le remboursement de ses créances, ou les céder par voie de transport, et vendre ses meubles corporels.

Il semble que nous donnions une grande extension à l'art. 1576 qui, sans distinguer entre les meubles et les immeubles, ne reconnaît à la femme qu'un droit d'administration et de jouissance et nullement un pouvoir d'aliénation. Mais la pensée du législateur se dégage clairement du rapprochement des art. 1449, 1536 et 1538. Les rédacteurs du Code n'ont voulu parler, dans l'art. 1576 que des immeubles, car nous voyons dans les textes précités qu'ils accordent toujours à la femme, qui a l'administration de ses biens, le droit d'aliéner les meubles dans les limites de cette administration (Aubry et Rau, n° 541, note 10).

La femme ne peut aliéner ses immeubles, ni tester en jugement, sans l'autorisation de son mari.

Quand à l'aliénation des paraphernaux, le Code déroge à la règle suivie par le droit écrit. Dans l'ancien droit, en effet, la femme avait pleine capacité pour les aliéner. C'est pour cela que la loi insiste si souvent. C'est dans l'intérêt de l'ordre public que la femme, a été déclarée incapable d'aliéner ses biens, sans l'autorisation de son mari. C'est pour cela qu'alors même que la femme serait mariée sous l'empire d'une loi l'affranchissant de cette autorisation, la nécessité de l'autorisation n'en est pas moins impérieuse pour elle. (Dalloz. 29, 2, 67.)

IV. Du rapprochement que nous avons fait entre la situation de la femme qui a des paraphernaux et la situation de celle qui est séparée de biens, nous concluons que l'art. 1450 qui, au cas d'aliénation des immeubles de la femme séparée de biens impose au mari, sous certaines distinctions, la responsabilité du défaut d'emploi du prix des immeubles, reçoit ici son application.

V. La femme s'en remet quelquefois au mari de la gestion de ses intérets paraphernaux. L'art. 1577 prévoit le cas ou la femme a donné un mandat à son mari. Si le mandat porte l'obligation de rendre compte des fruits, le mari, comme tout autre mandataire devra se conformer à cette clause.

Les régles ordinaires du mandat reçoivent une importante exception, quand la procuration donnée au mari ne porte pas l'obligation de rendre compte.

La situation des parties explique cette exception qui considére le mari comme n'étant pas tenu de rendre compte. Le mari est censé avoir reçu tout à la fois mandat d'administrer les paraphernaux, d'en toucher les fruits et de les employer aux besoins du ménage.

Dans l'ancien droit on voulait que, si le mari avait appliqué les fruits des paraphernaux à ses propres besoins plutôt qu'aux besoins communs, il put lui en être demandé compte. Le code a voulu empêcher des recherches souvent fort difficiles.

Le mandat du mari peut être tacite, il produit les mêmes effets que le mandat exprès dans lequel il n'a pas été dit que le mari devra rendre compte. L'art. 1578 prévoit en ces termes le cas d'un mandat tacite ; « Si le mari a joui des biens paraphernaux de la femme, sans mandat, et néanmoins sans opposition de sa part, il n'est tenu, à la dissolution du mariage, ou à la première demande de la femme, qu'â la representation des fruits existants, et il n'est point comptable de ceux qui ont été consommés jusqu'alors. » La femme, comme on le voit, peut révoquer le mandat tacite, et à partir de son opposition, le mari est tenu de rendre compte des fruits existants à ce moment et de ceux qu'il pourrait avoir consommés depuis.

Quant à la révocation du mandat exprès, une distinction est nécessaire. Si le mandat a été donné par contrat de mariage, il est irrévocable. La femme n'a plus que la ressource de la séparation de biens, si le mari gère mal.

Le mandat exprès donné pendant le mariage peut être révoqué comme le mandat tacite.

Quand le mari jouit des biens paraphernuax, malgré l'opposition constatée de la femme, il est comptable envers elle des fruits tant existants que consommés. C'est un possesseur de mauvaise foi.

La loi demande que l'opposition de la femme soit constatée, elle ne s'explique pas sur le mode de constatation. Nous nous contenterons donc de toute preuve sérieuse et non équivoque de l'opposition de la femme, sans exiger un acte judiciaire.

Le mari qui jouit des biens paraphernaux est tenu de toutes les obligations de l'usufruitier (1580).

La femme peut être tenue de certaines obligations qui sont comme le corrélatif des droits que la loi lui accorde. Les biens dotaux déterminent la contribution de la femme aux charges communes. Mais si tous les biens de la femme sont paraphernaux, et s'il n'y a pas de convention dans le contrat pour lui faire supporter une portion des charges du mariage, la femme y contribue jusqu'à concurrence du tiers de ses revenus (art. 1575).

En admettant même que tous les biens de la femme ne fussent pas paraphernaux, si le mari n'avait pas de revenus et que ceux de la dot fussent insuffisants, la femme devrait prendre sur les revenus de ses biens paraphernaux, en vertu de son obligation de dette alimentaire.

La femme qui est tenue de fournir une partie des revenus des biens paraphernaux pour supporter les charges du mariage doit la verser entre les mains du mari, qui a la direction et l'administration de la maison.

APPENDICE

SOCIÉTÉ D'ACQUÊTS

L'étude des effets de cette clause, simplement accessoire au régime dotal, ne saurait entrer dans le plan de cette thèse. Nous nous contenterons donc d'en dire quelques mots.

I. « En se soumettant au régime dotal, les époux peuvent néanmoins stipuler une société d'acquêts, et les effets de cette société sont réglés comme il est dit aux art. 1493 et 1499 ». C'est en ces termes que s'exprime l'art. 1588.

Le régime dotal a l'inconvénient d'isoler les intérêts des époux et de laisser la femme plus indifférente à la prospérité du mari. Par la société d'acquêts, on cumule les avantages du régime dotal et de la communauté.

L'art. 1581 renvoie aux art. 1498 et 1499, ce qui indique une assimilation à la communauté réduite aux acquêts. L'adjonction au régime dotal d'une société d'acquêts ne détruit pas les principes constitutifs de ce régime. Les immeubles dotaux restent inaliénables et imprescriptibles. Les biens paraphernaux restent sous l'administration de la femme, qui en a en conserve aussi la jouissance.

Recherchons la composition de l'actif et du passif de cette société.

II. L'actif de la société d'acquêts se compose : 1º Du revenu des biens dotaux ; 2º du revenu des biens du mari ; 3º des économies faites par la femme sur les revenus de ses biens paraphernaux ; 4º du produit du travail des deux époux.

Quelques personnes soutiennent que les revenus des biens paraphernaux doivent tomber en totalité dans la société. Nous ne pouvons admettre ce système et la jurisprudence la repousse avec raison.

D'après l'art. 1576, la femme a l'administration et la jouissance de ses biens paraphernaux. L'existence d'une société d'acquêts ne peut pas plus lui en enlever la jouissance qu'elle ne lui en enlève l'administration. La différence entre la communauté réduite aux acquêts et la *société* d'acquêts porte donc, au point de vue de la composition de l'actif, sur ce que, dans cette dernière, les économies sur les revenus des biens paraphernaux tombent seules dans la société.

III. Le passif de la société comprend : 1º Les charges du mariage ; 2º les intérêts et les arrérages des dettes du mari ; que ces dettes soient antérieures au mariage, ou qu'elles aient été contractées pendant le mariage ; 3º les intérêts et arrérages de cer-

taines dettes personnelles de la femme. La distinction est celle-ci : tomberont dans la société les intérêts et arrérages des dettes personnelles de la femme.
toutes les fois que ces intérêts et ces arrérages devront être considérés comme une charge de la jouissance de la dot. Il en sera ainsi, par exemple, lorsque
la femme se sera constitué en dot tous ses biens
présents et à venir; tous les intérêts et arrérages de
ses dettes tomberont dans la société. Si, au contraire,
la femme ne s'est constitué en dot que les biens
compris dans une certaine succession, les intérêts et
arrérages passifs de cette succession tomberont seuls
dans la société.

IV. Les acquisitions à titre onéreux faites pendant le mariage, soit par la femme, soit par le
mari, soit conjointement par les deux époux, font
partie de la société d'acquêts, sauf les cas de subrogation ou de remploi.

Les pouvoirs du mari sur les biens qui constituent
la société d'acquêts, sont les mêmes que ceux qu'il
a sur les biens communs dans la communauté légale. Les règles du régime dotal déterminent les
pouvoirs du mari sur les biens dotaux.

V. La société d'acquêts se dissout de la même
manière que la communauté réduite aux acquêts.
La liquidation s'opère également en suivant les mêmes règles.

Les fruits des biens dotaux, pendant la dernière
année du mariage, se partagent d'après les principes qui régissent la communauté, et non pas con-

formément à la règle de l'art. 1571. Si on décidait autrement, on commettrait une injustice à l'égard du mari, qui ne pourrait appliquer aux revenus de ses biens les dispositions de l'art. 1571.

Une femme s'est constitué en dot tous ses biens présents et à venir ; la part qui lui revient dans la société d'acquêts, lors du partage est-elle atteinte par la règle de l'inaliénabilité ? Non, même au cas de séparation de biens ; car la séparation de biens n'est pas irrévocable, et au cas de rétablissement de la société, la position de ces biens serait indécise, puisqu'ils redeviendraient communs.

POSITIONS

—

DROIT ROMAIN

I. — Le mari était propriétaire de la dot : son droit de propriété sur les meubles dotaux était absolu.

II. — La prohibition d'hypothéquer le fonds dotal, même du consentement de la femme, ne vient pas de la loi Julia, mais du sénatusconsulte Velléien.

III. — Avant Justinien, la femme pouvait renoncer à l'hypothèque que son mari lui avait constituée pour garantie de la restitution de la dot.

IV. — Avant Justinien, les dépenses nécessaires quel qu'en fût le montant, ne diminuaient jamais *ipso jure* la dot de corps certains ; le fonds ne perdait ni pour le tout, ni pour partie son caractère de dotalité.

V. — Dans le droit de Justinien, la femme peut renoncer à son hypothèque privilégiée sur les meubles dotaux.

VI. — A l'origine de Rome, le principe de la restitution de la dot n'existait pas.

VII. — La défense faite au mari de restituer la dot pendant le mariage se rattache moins à la prohibition des donations entre époux qu'aux principes de la loi Julia.

DROIT CIVIL FRANÇAIS

I. — La constitution de dot est un contrat à titre onéreux, tant à l'égard de la femme qu'à l'égard du mari.

II. — Le mari ne peut pas intenter seul l'action en partage des biens dotaux.

III. — La femme dotale peut renoncer à son hypothèque légale, en tant qu'elle garantit la restitution de sa dot mobilière.

IV. — Les fruits de la dot peuvent être saisis en totalité par les créanciers du mari.

V. — La femme a l'entière disposition des revenus dotaux après la séparation de biens. Ils peuvent être saisis en totalité par ses créanciers.

VI. — La dot mobilière est aliénable.

VII. — Les obligations contractées par la femme pendant le mariage ne peuvent être exécutées sur l'immeuble dotal, même lorsque le mariage est dissous.

VIII. — Ces obligations peuvent être exécutées sur les paraphernaux, ou sur les biens qui adviennent à la femme après le mariage, même au cas où celle-ci se serait constitué en dot, tous ses biens présents et à venir.

IX. — Elles ne peuvent être exécutées sur l'immeuble dotal, même lorsque celui-ci est entre les mains des héritiers de la femme.

X. — Si le mari seul a vendu l'immeuble dotal, l'aliénation n'est pas révocable, mais nulle, et l'action qui appartient à la femme est une revendication.

XI. — Les économies faites par la femme sur les revenus des biens paraphernaux tombent seules dans la société d'acquêts.

DROIT CRIMINEL

I. — Le principe du non cumul des peines ne s'applique pas aux contraventions.

II. — Le complice est passible de l'aggravation de peine encourue par l'auteur principal, à raison d'une qualité spéciale, lorsque cette qualité affecte la criminalité du fait.

PROCEDURE CIVILE

I. — Lorsqu'une femme mariée sous le régime dotal n'a pas de paraphernaux, elle est au nombre des personnes notoirement insolvables qui ne peuvent aux termes de l'art. 711 du Code de procédure civile, être admises à former une surenchère sur aliénation forcée.

II. — Le débiteur poursuivi en vertu d'un titre exécutoire peut saisir directement les tribunaux d'une demande tendant à obtenir un délai de grâce.

DROIT DES GENS

I. — Le principe de la liberté des mers s'oppose à ce que les belligérants puissent visiter les neutres pour vérifier s'ils ne font pas la contrebande de guerre.

II. — Le principe de la souveraineté territoriale fait obstacle à ce que l'action de la justice française à l'égard des étrangers qui ont commis des délits sur le territoire français, puisse être arrêtée par les actes de la justice étrangère à raison des mêmes délits.

Vu par le président de la thèse :
COLMET DE SANTERRE.

Vu par le doyen,
COLMET-DAAGE.

VU ET PERMIS D'IMPRIMER
Le Vice-Recteur de l'Académie de Paris,
A. MOURIER.

TABLE DES MATIÈRES

DROIT ROMAIN

DROIT FRANÇAIS

—109— Paris. — Imp. F. Pichon, 14, rue Cujas.

PARIS. — IMPRIMERIE F. PICHON, 14, RUE CUJAS

9 782014 052015